职业院校新能源汽车专业通用教材

XIN NENG YUAN QI CHE DONG LI DIAN CHI JI GUAN LI XI TONG JIAN XIU

新能源汽车动力电池及管理系统检修（数智版）

主　编　朱建柳
副主编　朱　列　徐华伟　王晓慧　王洪佩
组　编　上海景格科技股份有限公司

华东师范大学出版社
·上海·

图书在版编目(CIP)数据

新能源汽车动力电池及管理系统检修 / 朱建柳主编；上海景格科技股份有限公司组编. —上海：华东师范大学出版社，2023

ISBN 978-7-5760-4465-2

Ⅰ.①新… Ⅱ.①朱…②上… Ⅲ.①新能源－汽车－蓄电池－检修－职业教育－教材 Ⅳ.①U469.720.7

中国国家版本馆CIP数据核字(2024)第025933号

新能源汽车动力电池及管理系统检修

组　　编	上海景格科技股份有限公司
主　　编	朱建柳
责任编辑	李　琴
特约审读	李秋月
责任校对	陈梦雅　时东明
装帧设计	庄玉侠
出版发行	华东师范大学出版社
社　　址	上海市中山北路3663号　邮编 200062
网　　址	www.ecnupress.com.cn
电　　话	021-60821666　行政传真 021-62572105
客服电话	021-62865537　门市(邮购)电话 021-62869887
地　　址	上海市中山北路3663号华东师范大学校内先锋路口
网　　店	http://hdsdcbs.tmall.com
印刷者	上海景条印刷有限公司
开　　本	787毫米×1092毫米　1/16
印　　张	18.5
字　　数	437千字
版　　次	2024年8月第1版
印　　次	2024年8月第1次
书　　号	ISBN 978-7-5760-4465-2
定　　价	49.80元
出版人	王　焰

(如发现本版图书有印订质量问题，请寄回本社客服中心调换或电话 021-62865537 联系)

前言 QIAN YAN

党的二十大报告提出,要实施全面节约战略,发展绿色低碳产业,绿色发展战略升级,并提出"积极稳妥推进碳达峰碳中和"目标。新能源作为现代化产业、经济增长新引擎被提出。新能源汽车作为新能源产业的重要组成部分,是我国重要战略性新兴产业,对实现碳达峰碳中和目标具有重要的作用。2020 年 10 月,国务院办公厅印发了《新能源汽车产业发展规划(2021-2035 年)》,"三纵三横"研发布局为我国新能源汽车产业发展搭建了强有力的技术底座,也为我国新能源汽车发展指明了方向,提出了更高要求。发展新能源汽车产业,是汽车产业高质量发展的必然选择。

随着我国汽车领域科技水平的不断提高,以及世界环境保护意识的不断提升,新能源汽车已经成为该行业的一个发展方向。新能源汽车动力电池系统是新能源汽车的三大核心系统之一。在此背景下,"新能源汽车动力电池及管理系统检修"也成为新能源汽车技术专业的必修课。本课程坚持思政育人、文化育人、专业育人、实践育人四位一体的教学理念,采用理实一体的教学模式,以实际拆装检测案例导入典型工作任务,将思政教育融入课堂教学,注重对使用者专业知识、动手能力和职业素养的综合培养。

本教材共有 4 个项目 11 个任务,介绍了新能源汽车动力电池及管理系统认知、动力电池包结构原理与检修、电池管理系统组成原理与检修,以及电池热管理系统组成原理与检修,使学生系统性地了解新能源汽车动力电池及管理系统构造与原理、检修方面的知识。

本教材以职业教育工学一体化课程改革模式作为课程设置与内容选择参照点,以科学性、实用性、通用性为原则,符合职业教育汽车类课程体系设置特点。从展现形式来看,本教材为立体化教材,它以独具魅力的纸质教材为核心,借助移动互联网,通过扫描二维码实现纸质教材与移动端数字化资源的瞬间链接,将教材配套的数字化资源与纸质教材内容充分融合,益教易学。

本教材可作为职业教育新能源汽车、汽车运用技术等专业的教学用书,也可作为成人高等教育或汽车技术人员培训教材,汽车维修人员和汽车技术爱好者亦可用于自学。

由于编者水平有限,本教材还有很多不足之处,希望使用者及时提出修改意见和建议,以便我们在后续的修订工作中不断改正和完善。

编者

2024 年 5 月

目 录 MU LU

项目一　新能源汽车动力电池及管理系统认知　　1

任务 1　动力电池系统认知　　2

任务 2　典型动力电池系统组成及布局特点　　9

项目二　动力电池包结构原理与检修　　17

任务 1　动力电池基本认知　　18

任务 2　动力电池基本组成与原理　　36

任务 3　动力电池包基本结构与原理　　66

　　实训 1　单体电池检测　　88

　　实训 2　高压继电器检测　　92

任务 4　典型动力电池包构造与检修　　97

　　实训 1　动力电池包拆解与检测（比亚迪 E5）　　129

　　实训 2　电池模组充放电作业（吉利几何 C）　　156

　　实训 3　电池模组均衡作业（吉利几何 C）　　162

　　实训 4　高压控制盒拆解与检查（吉利几何 C）　　168

项目三　电池管理系统组成原理与检修　　181

任务 1　电池管理系统基本认知　　182

任务 2　电池管理系统基本组成与控制原理　　193

任务 3　典型电池管理系统组成与检修　　202

　　实训 1　电池管理系统检修（比亚迪 E5）　　230

　　实训 2　电池管理器拆装与检测（比亚迪 E5）　　238

项目四　电池热管理系统组成原理与检修　　　243

任务 1　电池热管理系统基本组成与原理　　　244
任务 2　典型电池热管理系统组成与检修　　　255
　　实训 1　电池热管理系统检测（比亚迪秦 EV）　　　272
　　实训 2　电池冷却系统主要部件拆装与检测
　　　　　　（比亚迪秦 EV）　　　276
　　实训 3　PTC 加热器拆装与检测（比亚迪秦 EV）　　　281

微课资源 WEI KE ZI YUAN

动力电池系统认知 / 2
动力电池系统工作原理 / 5
商用车的电池系统结构 / 13
动力电池认知 / 18
新能源汽车动力电池性能参数认知 / 33
锂离子动力电池认知 / 36
认识三元锂电池 / 38
认识磷酸铁锂电池 / 41
普通铅酸电池结构与特点 / 45
铅酸电池工作原理 / 47
认识镍氢电池 / 48
单体电池结构（HV 镍氢电池）/ 48
镍氢电池工作原理 / 50
锌空气电池结构 / 53
锌空气电池工作原理 / 54
飞轮电池工作原理 / 57
认识超级电容器 / 59
燃料电池组结构 / 61
单体燃料电池结构 / 61
燃料电池工作原理 / 62
认识动力电池包 / 66
动力电池模组认知 / 71
继电器类型 / 74
高压继电器功能 / 74
继电器工作原理 / 74
电流传感器功能 / 75
预充电阻认知 / 76
动力电池包附件认知 / 76
高压维修开关的位置及功用（比亚迪秦）/ 77
BMU 功能 / 78
什么是电池 PACK 技术 / 80

动力电池总能量知多少 / 84
单体电池检测 / 88
高压继电器检测 / 92
动力电池包高压电形成（比亚迪 E5）/ 103
动力电池包供电过程（比亚迪 E5）/ 104
动力电池包充电过程（比亚迪 E5）/ 104
动力电池包高压电形成（吉利几何 C）/ 113
动力电池包供电过程（吉利几何 C）/ 113
动力电池包充电过程（吉利几何 C）/ 114
动力电池包的形成（丰田普锐斯）/ 117
动力电池包拆解与检测（比亚迪 E5）- 01 动力电池包附件拆检 / 130
动力电池包拆解与检测（比亚迪 E5）- 02 高低压输出接口及分压接触器拆检 / 133
动力电池包拆解与检测（比亚迪 E5）- 03 动力电池模组拆检 / 139
动力电池包拆解与检测（比亚迪 E5）- 04 动力电池模组安装 / 144
动力电池包拆解与检测（比亚迪 E5）- 05 高低压输出接口及分压接触器安装 / 148
动力电池包拆解与检测（比亚迪 E5）- 06 动力电池包附件安装 / 153
电池模组充放电作业（吉利几何 C）/ 156
电池模组均衡作业（吉利几何 C）/ 162
高压控制盒拆解与检查（吉利几何 C）/ 168
电池管理系统知多少 / 182
电池管理系统的功能 / 183
绝缘监测原理 / 184
电池管理系统安全管理功能演示 / 185
电池管理系统热管理功能 / 186
动力电池均衡管理方法 / 187

电池管理系统均衡管理功能展示 / 187
电池管理系统故障诊断功能演示 / 187
分布式电池管理系统工作原理 / 188
电池管理系统工作原理 / 195
BMS 上下电控制 / 198
分布式电池管理系统组成和基本工作过程（比亚迪 E5） / 202
分布式电池管理系统车辆上电工作过程（比亚迪 E5） / 213
分布式电池管理系统车辆行驶工作过程（比亚迪 E5） / 214
分布式电池管理系统交流充电工作过程（比亚迪 E5） / 215
分布式电池管理系统直流充电工作过程（比亚迪 E5） / 215
分布式电池管理系统热管理工作过程（比亚迪 E5） / 216
集中式电池管理系统组成和基本过程（吉利几何 C） / 216
集中式电池管理系统车辆上电工作过程（吉利几何 C） / 222
集中式电池管理系统车辆行驶工作过程（吉利几何 C） / 222
集中式电池管理系统交流充电工作过程（吉利几何 C） / 224

集中式电池管理系统直流充电工作过程（吉利几何 C） / 224
集中式电池管理系统智能补电工作过程（吉利几何 C） / 224
集中式电池管理系统预约充电工作过程（吉利几何 C） / 225
集中式电池管理系统热管理过程（吉利几何 C） / 225
集中式电池管理系统高压安全管理过程（吉利几何 C） / 226
电池管理系统检修（比亚迪 E5） / 230
电池管理器拆装与检测（比亚迪 E5） / 238
电池热管理系统认知 / 244
风冷式电池冷却系统工作原理 / 247
PTC 加热器工作原理 / 250
动力电池冷却系统工作原理（液冷式） / 251
动力电池加热系统工作原理（液热式） / 253
动力电池系统冷却过程（比亚迪 E5） / 259
动力电池系统加热过程（比亚迪 E5） / 261
动力电池系统冷却过程（特斯拉 Model3） / 264
动力电池系统加热过程（特斯拉 Model3） / 266
电池热管理系统检测（比亚迪秦 EV） / 272
电池冷却系统主要部件拆装与检测（比亚迪秦 EV） / 276
PTC 加热器拆装与检测（比亚迪秦 EV） / 281

项目一　新能源汽车动力电池及管理系统认知

项目概述

新能源汽车的动力电池包和电池管理系统构成了动力电池系统。动力电池包是纯电动"动力源",是可以存储和供出电能源的装置。在车辆各系统正常的情况下,动力电池包能将输出电能传递给驱动电机产生转矩,经过电机驱动系统的机械传动装置将驱动力传递给车轮,从而带动汽车前进或后退。电池管理系统可以在车辆运行过程中监测动力电池的运行状态,并根据控制逻辑适时地对动力电池进行充电保护或能量回收,从而使驱动电机始终处于最佳的工作状态,为电动汽车的工作提供充足的能量。

本项目主要介绍动力电池系统的组成和基本原理,介绍过程中以乘用车和商用车为例介绍动力电池系统的组成与特点,并通过某款具体车型带领大家认识乘用车动力电池系统的部件。

任务 1　动力电池系统认知

1. 了解新能源汽车动力电池系统的定义。
2. 了解动力电池系统的组成及各部分的作用。
3. 掌握动力电池包、电池管理系统和电池热管理系统的作用及主要组成。
4. 理解动力电池系统的基本工作原理。

某职业院校新能源汽车技术专业学生,学习了纯电动汽车的组成,掌握了包括动力电池系统、电机驱动系统、整车控制系统以及底盘、车身和辅助电气的相关知识。现班级同学要开始深入学习动力电池系统,老师提出两个问题:一是动力电池系统由哪些部件组成? 二是动力电池系统的基本工作原理是什么? 要求班级同学通过对新能源汽车动力电池系统的学习,整理出动力电池系统的组成和工作原理等相关知识。

新能源汽车动力电池系统是新能源汽车的三大核心系统之一,是为电动汽车储存和提供电能源的装置,具有强大的电能容量及输出功率,其工作性能直接关系着电动汽车的动力性能、续驶能力以及安全性能。

动力电池系统认知

一、动力电池系统定义

《电动汽车术语》(GB/T 19596-2017)界定的电动汽车相关术语中,蓄电池系统的定义为"一个或一个以上蓄电池包及相应附件(管理系统、高压电路、低压电路、热管理设备以及机械总成等)构成的能量存储装置"。通过蓄电池系统定义可知,电动汽车的电池系统主要包括动力电池包、电池管理系统、电池热管理部件及连接电路等。

《电动汽车用锂离子动力蓄电池包和系统》(GB/T 31467.1-2015)附录 A(资料性附录)中蓄电池系统的典型结构中,提到"蓄电池系统是能量存储装置,包括单体或模块或电池包,还包括电路和电控单元(如电池控制单元、电流接触器)。对于高于 60 V d.c. 的蓄电池系统,应该包括手动切断功能"。通过这部分描述可知,电池系统主要由能量储存装置动力电池包、电池控制单元以及相关连接电路组成。同时,动力电池系统要求在电池电压超过安全电压时,动力电池包上配置能实现手动切断高压电功能的装置,即高压维修开关。

结合 GB/T 19596-2017 和 GB/T 31467.1-2015 附录 A 的描述可以看出,动力电池包是动力电池系统组成的一部分,动力电池系统是在动力电池包的基础上增加了电池管理系统组件(电池控制单元、电流接触器等)、电池热管理组件和高低压连接线束等而形成。动力电池包是为整车的行驶提供或储存电能的被动执行装置,而电池管理系统在被动执行的基础上还具有主动管理和控制的功能。

二、动力电池系统组成

从功能组成来看,动力电池系统主要由动力电池包和电池管理系统组成,但电池管理系统对动力电池热管理功能的实现还需要电动水泵、冷却管路等部件的协同。因此,为了使结构表达得更加清晰完整,我们将动力电池系统的组成划分为动力电池包、电池管理系统和电池热管理系统三部分。

(一) 动力电池包

动力电池包是能从外部获取、存储电能,并能对外输出电能的单元,是动力电池系统的核心部件,是没有辅助电源的纯电动汽车的唯一动力源。动力电池包的好坏直接影响电动汽车的动力性能、续驶能力和安全性。

动力电池包主要由动力电池组、动力电池箱体、辅助元器件、电池管理系统组件和电池热管理系统组件组成,有些动力电池包内部还有高压维修开关。需要注意的是电池管理系统组件和电池热管理系统组件属于电池管理系统和电池热管理系统,这里不做介绍。其中动力电池组是由多个电池模组或单体电池经并联或串联所形成的组合体,图 1-1-1 所示为

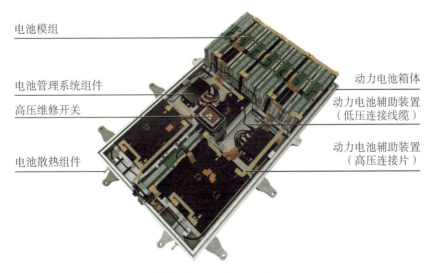

图 1-1-1 动力电池组

电池模组串联连接形成的动力电池组。

动力电池箱体是支撑、固定、包围和密封电池系统的部件，主要包含箱体上盖和下托盘，还有护板、螺栓、螺母、压条等一些起到固定密封作用的辅助元器件。动力电池箱体有承载及保护动力电池组及电气元件的作用。

辅助元器件主要包括动力电池包内部起控制和监测作用的电子电器元件，如高压继电器、电流传感器、预充电阻、分压器、熔断器、高低压线束插接器、高低压连接线束等，这些器件是监测、控制、连接动力电池包的内部高压电的组件。高压维修开关是在关键时刻实现高压系统电气隔离的执行部件。一般在新能源汽车车辆检修时，为了确保人车安全，可以通过拆下高压维修开关的方式将动力电池系统的高压电断开。

（二）电池管理系统

《电动汽车术语》（GB/T 19596-2017）中对电池管理系统（battery management system，BMS）的描述是："监视蓄电池的状态（温度、电压、荷电状态等），可以为蓄电池提供通信、安全、电芯均衡及管理控制，并提供与应用设备通信接口的系统。"

根据国标对电池管理系统的描述，可以看出电池管理系统（BMS）是为电池系统提供保护和管理的核心系统，主要由电池控制单元[也称为电池管理单元（BMU）]、电池信息采样单元（CSC）、采样线和各种传感器组成。在动力电池工作过程中，电池管理系统（BMS）通过信息采集单元及各种传感器等元件对动力电池组总电压、总电流、监测点温度、单体电池电压等参数进行实时监测，并根据监测到的数据对动力电池的实时状态进行评估，进而根据监测到的电池状态发出相关控制指令，实现对动力电池系统的过电压、欠电压、过电流、过高温和过低温的保护，继电器控制，SOC估算，充放电管理，均衡控制，故障报警及处理。此外，电池管理系统还可以通过CAN总线将采集到的数据上报给整车控制器，并接收控制器的指令，与车辆上的其他系统协调工作，如图1-1-2所示。

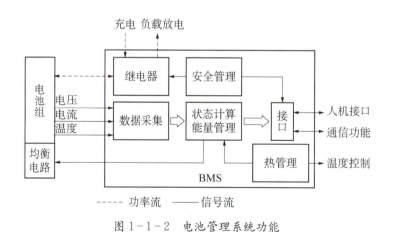

图1-1-2 电池管理系统功能

（三）电池热管理系统

动力电池包温度过低，会影响动力电池包的容量；温度过高，则会影响动力电池的性能和循环寿命。因此,做好热管理对动力电池的性能、寿命乃至整车的行驶里程都具有十分重要的意义。

电池热管理系统就是用来实时监测动力电池包温度,并根据监测到的数据控制相关元件(如 PTC 加热器和电子水泵)工作,从而将动力电池包的温度控制在合适工作范围内的系统。动力电池热管理系统如图 1-1-3 所示,其主要功能有:①电池温度的准确测量和监控;②电池组温度过高时的有效散热和通风;③低温条件下的快速加热;④有害气体产生时的有效通风;⑤保证电池组温度场的均匀分布。

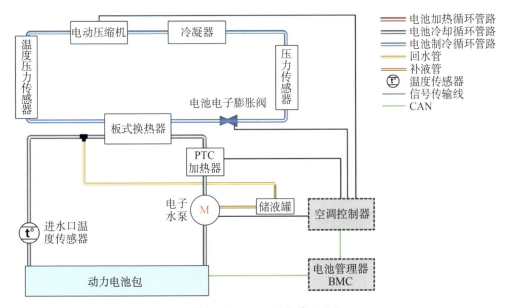

图 1-1-3　电池热管理系统

三、动力电池系统基本工作原理

动力电池系统可以给整车高压部件供电,也可以充电存储电能,并可以在电动汽车工作过程实时监测动力电池的参数信息,控制动力电池的工作。这里主要介绍动力电池系统的供电原理、充电原理和电池管理原理。

动力电池系统工作原理

1. 供电原理

当起动车辆或打开电动空调时,电池管理系统(BMS)根据驾驶员的操作信号和动力电池的监测信号,判定动力电池需要并可以供电时,电池管理系统(BMS)控制动力电池包内的供电相关的高压继电器闭合。动力电池高压主电路接通,动力电池包的高压电经动力电池包内的各高压继电器、高压线束等高压部件输出,动力电池开始给车辆高压部件提供需要的高压电,如图 1-1-4 所示。当车辆停止或电动空调停止时,电池管理系统(BMS)控制相关高压继电器断开,高压供电电路断开。

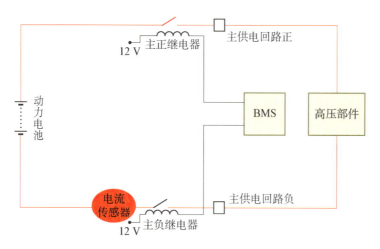

图 1-1-4　供电原理示意简图

2. 充电原理

当插上充电枪充电时，电池管理系统（BMS）根据驾驶员的操作信号和动力电池的监测信号，判定动力电池需要并可以进行充电时，电池管理系统（BMS）控制动力电池包内部的充电相关的高压继电器闭合。从交流充电口供过来的三相交流电经车载充电机（OBC）转换成相应直流高压电，经各高压继电器、高压线束供给动力电池包，动力电池开始充电，如图1-1-5所示。当充电完成时，电池管理系统（BMS）控制相关高压继电器断开，交流充电停止，拔下交流充电枪。

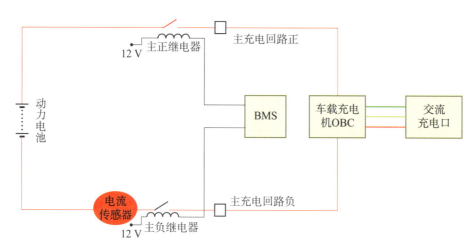

图 1-1-5　充电原理示意简图

3. 电池管理原理

如图1-1-6和图1-1-7所示，在电动汽车工作过程中，动力电池包内的各传感器和监测点监测到的电压、温度、电流等参数送给电池管理系统，电池管理系统根据这些信息估算的动力电池状态，并根据监测到的动力电池状态和驾驶员的操作信号发出相应的控制指令,控制相应高压继电器和电池热管理等组件工作,实现对动力电池充放电控制、温度控制、故障自检及报警的控制。与此同时,电池管理系统(BMS)可以通过 CAN 通信总线将相关信息传输给整车 CAN 网拓扑结构。

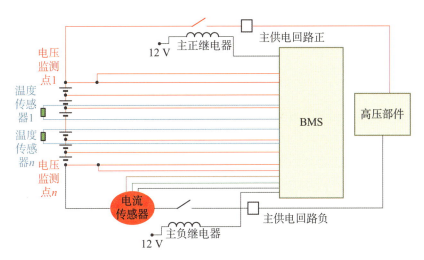

图 1-1-6 电池管理原理示意简图(供电)

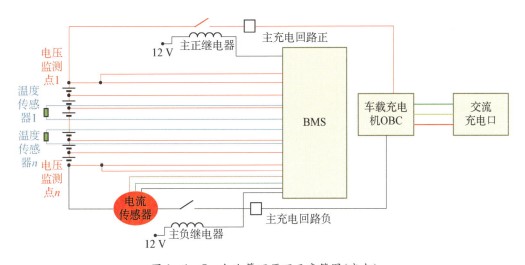

图 1-1-7 电池管理原理示意简图(充电)

本任务介绍了动力电池系统定义、动力电池系统组成及基本工作原理。

动力电池系统定义为:一个或一个以上蓄电池包及相应附件构成的能量存储装置。

动力电池系统由动力电池包、电池管理系统和电池热管理系统构成。动力电池包是电池系统的供电和储能装置；电池管理系统用于监测和控制动力电池的工作状态；电池热管理系统用于将动力电池系统的温度控制在正常工作范围以内。

动力电池系统的工作原理主要介绍了供电原理、充电原理和电池管理原理。

一、判断题

1. 动力电池系统是由2个或2个以上蓄电池包及相应附件构成的能量存储装置。（　　）
2. 动力电池包是动力电池系统的组成部件。（　　）
3. 电池热管理系统不是动力电池系统的组成部件。（　　）
4. 电池管理系统包括动力电池包内的温度传感器。（　　）
5. 电池管理系统包括电池采样线。（　　）

二、选择题

1. 下列是动力电池包组成的是(　　)。【单选题】
    A. 电池采样线　　　　　　　　　　B. 电池模组
    C. 电池信息采集单元(CSC)　　　　D. 电池控制单元
2. 下列是电池管理系统组成的是(　　)。【单选题】
    A. 辅助元器件(高压继电器)　　　　B. 电池模组
    C. 电池信息采集单元(CSC)　　　　D. 电池箱体
3. 动力电池系统的组成包括(　　)。【多选题】
    A. 动力电池包　　　　　　　　　　B. 电池管理系统
    C. 电池热管理系统　　　　　　　　D. 发动机控制单元
4. 电池管理系统由(　　)组成。【多选题】
    A. 电池采样线　　　　　　　　　　B. 传感器
    C. 电池信息采集单元(CSC)　　　　D. 电池控制单元

三、简答题

1. 请描述动力电池系统的定义，并说出动力电池系统的组成。
2. 请概括描述动力电池系统的工作原理。

任务 2　典型动力电池系统组成及布局特点

1. 了解商用车动力电池系统组成及各部分的作用。
2. 了解商用车动力电池系统布局特点。
3. 掌握乘用车动力电池系统组成及各部分的作用。
4. 掌握乘用车动力电池系统布局特点。

某职业院校新能源汽车技术专业学生,学习了乘用车动力电池系统的组成,掌握了乘用车电池系统组成及特点。现班级同学要开始学习商用车电池系统,老师提出两个问题:一是商用车电池系统与乘用车电池系统的组成有哪些不同?二是商用车电池系统与乘用车电池系统的布局有哪些不同?要求班级同学根据典型动力电池系统布局及特点的学习,整理出商用车与乘用车不同的动力电池系统组成、布局及特点。

新能源汽车根据其应用场景不同,不同类型新能源汽车的动力电池系统在组成和布局上有各自的特点。这里以纯电动汽车的商用车和乘用车动力电池系统为例,介绍动力电池系统组成和布局特点。

一、乘用车动力电池系统组成及布局特点

乘用车动力电池系统主要由动力电池包、电池管理系统和电池热管理系统组成,一般多采用集中式布置形式。其动力电池包、电池管理系统和电池热管理系统布置相对集中,主要位于汽车底部和前机舱内部。这种动力电池系统的动力电池包一般位于整车底部,如图 1-2-1 所示,电池管理系统和热管理系统的相关部件基本都布置在汽车前机舱内和动力电池包内部。

图 1-2-1 动力电池包位置

(一) 乘用车动力电池系统组成部件

动力电池包是动力电池系统供出和存储电能的装置,其主要由动力电池箱体、电池模组、高压连接线束、低压连接线束、辅助元器件、电池管理系统组件和电池热管理组件等构成,如图 1-2-2 所示。其中,动力电池箱体是动力电池的密封装置,可以保护内部所有部件,它的防护等级很高,一般采用 IP67 的防护等级。

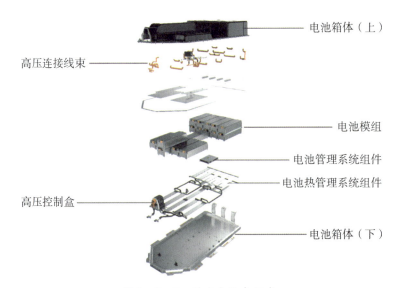

图 1-2-2 动力电池包组成

电池模组是电池包的最小维修单元,由多个单体电池串联或并联组合而成,不同的电池包一般有不同结构形式的电池模组;高压连接线束将动力电池包内各个电池模组连接起来,构成高压工作电路;低压连接线束分布在电池包内,为电池包内电池管理单元、高压继电器提供工作电压,并输送监测到的动力电池的温度、电压和电流等信号,构成动力电池包低压供电电路和监测电路;辅助元器件主要指监测、控制动力电池包工作状态的相关元器件,如高压继电器、预充电阻等,需要注意的是有些动力电池包的辅助元器件集成安装在高压控制盒内；动力电池包内部的电池管理系统组件主要有采样线、信息采集装置和电池控制单元等，是监测、控制动力电池包状态和工况的装置；动力电池包内部的电池热管理系统组件主要有散热板、冷却水管和加热膜等部件，它们可以执行电池管理系统指令，将动力电池包的温度调整到合适工作范围以内。

电池管理系统是对动力电池进行智能化管理的系统，能实时监测动力电池的状态，防止出现过充电和过放电，从而延长电池的使用寿命。电池管理系统的核心部件是电池控制单元[也称为电池管理单元（BMU）]，一般位于电池包或前机舱的合适位置。

电池热管理系统根据电池管理系统的指令进行电池加热或冷却，将动力电池的温度控制在合理范围以内。乘用车电池热管理系统部件除了有位于动力电池包内部的电池热管理组件，还包括位于汽车前机舱的部件，如电动水泵、PTC加热器等。

（二）乘用车动力电池系统典型结构及布局特点

根据电池控制单元是否位于动力电池包内部，纯电动乘用车动力电池系统可分为两种典型结构，分别为外置电池控制单元的动力电池系统和内置电池控制单元的动力电池系统，如图1-2-3和图1-2-4所示。

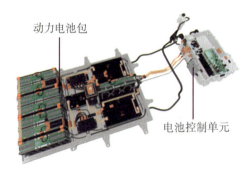

图1-2-3 外置电池控制单元的动力电池系统

图1-2-4 内置电池控制单元的动力电池系统

内置电池控制单元的动力电池系统的电池控制单元位于动力电池包内部。这种系统的电池管理系统相关组件都位于动力电池包内部，从电池信息采样装置到电池控制单元之间相关低压线束都在动力电池包内部，所以布线相对简单。但是电池控制单元位于电池包内，若出现故障需要对电池控制单元进行维修时，操作复杂，维修困难。

外置电池控制单元的动力电池系统的电池控制单元位于前机舱合适位置，不在电池包内部，所以电池管理系统相关部件的布置相对不集中，且从电池信息采样装置到电池控制单元之间需要布置相关低压线束，布线相对复杂。但这种系统的电控制单元位于前机舱，便于维护和检修。

总之，无论是内置电池控制单元的动力电池系统还是外置电池控制单元的动力电池系统，一般都有一个储能供电装置（即动力电池包），且系统的组成部件主要集中布置在车辆底部和前机舱内，其相关部件的位置相对集中，所以其布置形式为集中式布置形式。

二、商用车动力电池系统组成及布局特点

纯电动商用车动力电池系统与乘用车动力电池系统有很大的不同,这里从动力电池系统组成和布局特点两个方面介绍商用车动力电池系统,如图1-2-5所示。

图1-2-5 商用车动力电池系统

(一)商用车动力电池系统组成

1. 商用车动力电池系统安装位置

商用车的动力电池系统在车上的安装位置不完全统一,根据实车空间分散布置,常见位置有:①汽车底部底盘上表面;②汽车尾部正后方;③汽车尾部侧面;④还有些商用车的电池系统位置比较特殊,位于汽车顶部,如图1-2-6所示。

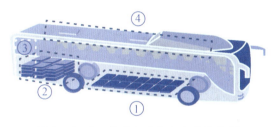

图1-2-6 商用车动力电池系统位置

2. 商用车动力电池系统组成

商用车动力电池系统从功能上来看,也是由动力电池包、电池管理系统、电池热管理系统组成的。但是从组成结构上来看,商用车的动力电池系统是由多个动力电池包、高压控制盒、热管理附件和箱体间高低压连接线束等组成的,如图1-2-7所示。动力电池包在商用车电池系统里亦称电池箱,后面统一称为电池箱;商用车的电池控制单元,一般称为电池管理单元(BMU),通常位于高压控制盒或电池控制盒内部。这里介绍的电池管理单元位于高压控制盒内部,是商用车电池系统的组成部分。

商用车的电池箱相当于乘用车的动力电池包,从组成上来看其内部主要是影响供电能力的单体电池或电池模组。商用车动力电池系统中有多个电池箱,每个电池箱都是电池系统的独立供电单元,所有电池箱串联后给车辆提供需要的总电量。不同的商用车根据用电需求的不同,搭载的电池箱数目也有所不同,图1-2-8所示为某公交动力电池系统,它搭载了6个电池箱。需要说明的是,商用车的电池箱内部主要包含单体电池或电池模组、信息采集器、热管理组件以及高低压连接线束,而高压继电器、预充电阻和电流传感器等辅助元器件则位于独立安装的高压控制盒内,没有包含在电池箱内。

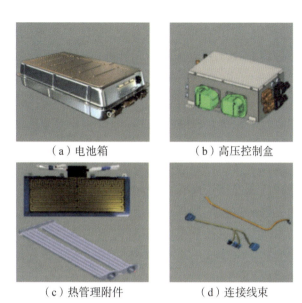

（a）电池箱　　　（b）高压控制盒

（c）热管理附件　　　（d）连接线束

图1-2-7　商用车动力电池系统组成图

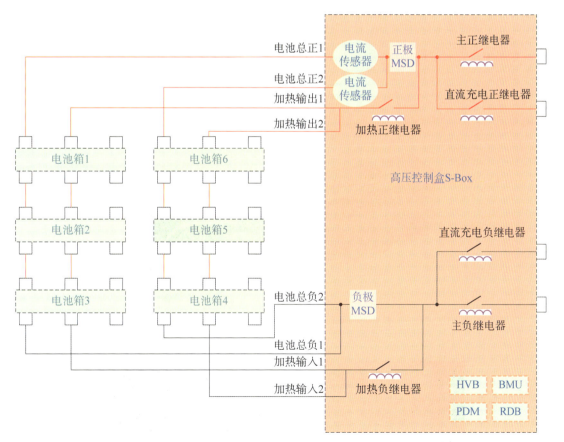

图1-2-8　某公交车动力电池系统示意图

高压控制盒是商用车动力电池系统中的一个独立总成,是动力电池系统中各电池箱对外供电和电量补充的总控中心,主要由电池管理单元(BMU)、高压采样单元(HVB)、电源分配模块(PDM)、远程监控模块(RDB)、电子辅助元器件(如各种高压继电器、电流传感器、预充电阻)和高低压连接线束等组成。它集成了电池管理单元(BMU)、高压采样单元(HVB)、电源分配模块(PDM)和远程监控模块(RDB)的功能,能进行动力电池系统的高压继电器状态的监测,电压、温度和电流的监测,高压电路通断的控制和动力电池系统电池箱温度的控制,从而控制动力电池系统供电和充电工作过程,并在工作过程中将电池箱的温度控制在正常工作范围以内。

商用车电池系统的高低压连接线束有两种,分别为电池包内部的高低压线束和电池箱之间的高低压线束。动力电池包内部的高压连接线束可以将单体电池或电池模组连接,低压连接线束传输采集的单体电池电压和温度信息;电池箱体之间的高压连接线束可以将电池系统的各电池箱之间的高压电连成一个回路,低压连接线束将低压信号传输到高压控制盒内部。

热管理附件主要是指电池箱内部的散热板、加热膜,电池箱外部的冷却水管、冷却水泵和散热器等组件,电池热管理系统的部件可以根据电池管理单元(BMU)的指令进行电池加热或冷却,将电池系统中的电池箱和高压控制盒的温度控制在合理范围以内。

(二) 商用车动力电池系统布局特点

在商用车的动力电池系统中,电池箱、高压控制盒、连接线束和热管理附件等组成部件并不是集成在一个箱体内部,而是分散布置的,如图1-2-9所示。这样可以根据车辆的空间特点合理布置电池箱和高压盒等的位置,提高车辆空间的利用效率。这种电池系统的各电池箱之间采用专用高低压线束进行连接,如图1-2-10所示。为了确保安全,商用车的动

图1-2-9 商用车动力电池系统布置特点

(a) 电池箱正极连接线束　　　(b) 电池箱负极连接线束

图1-2-10 电池箱之间的连接线束

力电池系统在高压控制盒和每个电池箱上都装有手动维修开关(MSD),如图1-2-11和图1-2-12所示。

图1-2-11 高压控制盒上的两个维修开关

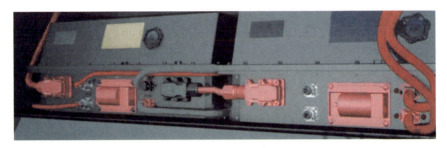

图1-2-12 电池箱上的维修开关

本任务介绍了乘用车和商用车动力电池系统组成和布局特点。

乘用车动力电池系统主要由动力电池包、电池管理系统和电池热管理系统组成,一般多采用集中式布置形式,其动力电池包、电池管理系统和电池热管理系统布置相对集中。一般乘用车的电池包仅有一个,常位于汽车底部;电池管理系统和热管理系统相关部件位于动力电池包内部和前机舱内。

商用车动力电池系统由多个动力电池包、高压控制盒、箱体间高低压连接线束和热管理附件等组成,其动力电池包也称为电池箱。商用车电池系统的所有部件都分散布置在车辆的合适位置,没有乘用车那么集中。

一、判断题

1. 乘用车动力电池系统一般有一个动力电池包。 （ ）
2. 商用车动力电池系统只有一个电池箱。 （ ）

3. 商用车电池系统没有电池控制单元。（   ）
4. 所有乘用车的电池控制单元都位于动力电池包内部。（   ）
5. 商用车电池系统一般通过多个电箱串联连接实现电池系统总电压的增加。（   ）

二、选择题

1. 下列是乘用车动力电池系统组成部件布局特点是(   )。【单选题】
    A. 分散布置　　　　　　　　　　　　B. 集中布置
    C. 所有部件都位于动力电池包内部　　D. 所有部件都位于前机舱内
2. 商用车动力电池系统的电池控制单元一般位于(   )。【单选题】
    A. 动力电池包　　B. 电池箱　　C. 高压控制盒　　D. 前机舱
3. 下列是乘用车动力电池系统组成的是(   )。【多选题】
    A. 动力电池包　　　　　　　　　　　B. 电池管理系统
    C. 电池热管理系统　　　　　　　　　D. 发动机控制单元
4. 下列是商用车动力电池系统组成的是(   )。【多选题】
    A. 电池箱　　　　　　　　　　　　　B. 高压控制盒
    C. 高低压连接线　　　　　　　　　　D. 电池热管理附件

三、简答题

1. 请描述乘用车动力电池系统组成及布局特点。
2. 请描述商用车动力电池系统组成及布局特点。

项目二 动力电池包结构原理与检修

项目概述

为了解决燃油作为汽车能源带给环境的污染问题,以电力作为能源的电动车和油电混合的电动车已经成为世界各国研究的热点。动力电池是电动汽车的动力源,是能量的储存装置,能够将电能转换成其他形式的能量,并驱动汽车行驶。动力电池在电动汽车上发挥着非常重要的作用,但也是目前制约电动汽车发展的关键因素。

本项目主要介绍以下内容:动力电池基本认知、动力电池基本组成与原理、动力电池包基本结构与原理,以及典型动力电池包结构与检修。

任务 1　动力电池基本认知

1. 掌握动力电池的分类。
2. 掌握动力电池的性能参数。
3. 知道新能源汽车动力电池的要求。
4. 了解动力电池包性能参数。

某职业院校新能源汽车技术专业的学生,在课间讨论"哪种动力电池更适合电动汽车"这一问题。一部分同学认为镍氢电池的寿命长、价格适中,所以非常适合电动汽车使用;另一部分同学认为锂电池的使用寿命也很长、充电方便、安全性高,所以其比镍氢电池更适合电动汽车。请学习有关动力电池的基本知识,整理出适合不同电动汽车的多种动力电池的性能特点。

动力电池认知

对于动力电池,目前仍无统一的定义。动力电池的名称来源于动力机械应用领域(如雪艇等),此后一直沿用至今。目前习惯将用于电动汽车的电池称为"动力电池"。在国家标准《电动汽车术语》(GB/T 19596-2017)中,动力蓄电池(traction battery)的定义为:为电动汽车动力系统提供能量的蓄电池。

一、动力电池类型

动力电池是电动汽车的储能装置。电池从问世发展至今,种类繁多,分类方法也不相同。

(一) 按照电池的工作性质及使用特征

按照电池的工作性质及使用特征的不同,动力电池主要分为:一次电池、二次电池、储备电池和燃料电池。

1. 一次电池

一次电池也称为原电池或干电池，只能进行一次放电，不能进行充电再利用，放电后电池只能被遗弃。例如：干电池、碱性电池、锌汞电池和氧化银电池等，如图2-1-1所示。这类电池不能再利用的原因是电池反应本身不可逆，或者条件限制使可逆反应很难进行。

图2-1-1　一次电池

2. 二次电池

二次电池也称为充电电池或蓄电池，是可重复进行充电、放电使用的电池。例如：铅酸电池（图2-1-2）、镍镉电池、锂离子电池和锌空气电池等。这类电池实际上是一个化学能量储存装置，先用直流电将电池充满，这时电能以化学能的形式储存在电池中，放电时，化学能再转换为电能。

图2-1-2　铅酸电池

3. 储备电池

储备电池是正、负极活性物质不与电解液直接接触的电池，需要在使用前临时注入电解液或用其他方法使电池激活。传统电池的正、负极活性物质与电解液直接接触易发生变质或自放电，而储备电池因正、负极活性物质与电解液的隔离避免了这种现象的发生，从而使其能够长时间储存。例如：镁银电池、钙热电池和铅高氯酸电池等。

4. 燃料电池

燃料电池是一种将化学能直接转化成电能的装置，只要有活性物质连续注入，这种电池就能长期不断地进行放电，如图2-1-3所示。如氢燃料电池的正极是氧化极，负极是氢或碳氢化合物或乙醇等燃料电极。

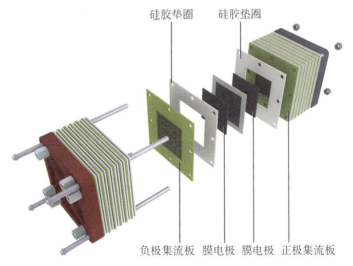

图2-1-3　燃料电池

燃料电池发电效率高、比能量高、环境污染少,但成本高、技术门槛高,所以目前没有普遍应用于新能源汽车,只应用于部分示范车,如本田的 FCX Clarity(图 2-1-4)、丰田的 FCHV-ADV、梅赛德斯-奔驰的 F-CELL 等。

图 2-1-4　本田 FCX Clarity

　　上述分类方法并不意味着某一种电池体系只能分属一次电池、二次电池、储备电池或燃料电池。例如:锌银电池,可以设计成一次电池,也可以设计成二次电池或储备电池。

(二) 按照电池的应用原理

按照电池的应用原理,电池主要分为:化学电池、物理电池和生物电池三大类,其中化学电池和物理电池已经应用于量产的新能源汽车,而生物电池被视为未来新能源汽车动力电池的重要发展方向之一。

1. 化学电池

化学电池是利用物质的化学反应发电的电池,主要由电解质溶液、浸在溶液中的正负电极和连接电极的导线组成。常见的化学电池有:镍镉电池、镍氢电池、锂离子电池等。化学电池广泛应用于通信、交通、文化、办公及家用电子产品,在军事、高科技生产行业也有特殊应用。

2. 物理电池

物理电池是利用光、热、物理吸附等物理能量发电的电池,如太阳能电池、超级电容和超高速飞轮电池等。在物理电池领域中,超级电容器也应用于纯电动汽车和混合动力电动汽车中。

3. 生物电池

生物电池是利用生物化学反应发电的电池。如微生物电池、酶电池、生物太阳电池等。从原理上来讲,生物质能能够直接转化为电能主要是因为生物体内存在与能量代谢关系密切的氧化还原反应。这些氧化还原反应彼此影响、互相依存,形成网络,进行生物的能量代谢。

(三)按照电池所用正负极材料

按照所用正负极材料划分,电池可以分为:锌系列电池、镍系列电池、铅系列电池、锂系列电池、二氧化锰系列电池、空气(氧气)系列电池等。

1. 锌系列电池

以金属锌为负极材料的化学电源称为锌系列电池。金属锌具有容量高、资源丰富等优点。目前已广泛应用的锌系列电池有锌锰电池、锌银电池等。锌系列电池的主要特征如下。

(1)锌负极活性物质的组成特征:一次电池、储备电池、锌空气燃料电池直接采用单质或合金锌这种充电态负极形式;蓄电池多采用氧化锌这种放电态负极形式。

(2)锌负极的电极结构特征:一次电池采用锌箔和锌粒,储备电池采用电沉积锌粉干压或湿压成箔式,或直接电沉积锌箔;蓄电池多采用黏结式氧化锌负极结构。

金属锌作为中低功率原电池负极材料已经广泛应用于酸性、中性、碱性锰锌干电池,其作为高中低功率蓄电池负极材料,虽然循环寿命有限,但已经在锌银蓄电池中实现工业化应用。

2. 镍系列电池

镍系电池是碱性电池。这种电池是以氢氧化钾(KOH)等碱性水溶液为电解液的二次电池的总称。根据极板活性物质材料的不同,镍系电池可分为镍镉电池、镍氢电池、铁镍电池等。

目前新能源汽车上常用的镍系列电池是镍氢电池,这是一种正极活性物质使用氢氧化镍、负极活性物质使用金属的碱性蓄电池。其正、负极材料分别填充在穿孔的附镍钢带(镍带)中,经拉浆、滚压、烧结、化成或涂膏、烘干、压片等方法制成极板;用聚酰胺非织布等材料作隔离层;用氢氧化钾水溶液作电解质溶液;电极卷绕或叠合组装在塑料或镀镍钢壳内。如图2-1-5所示。

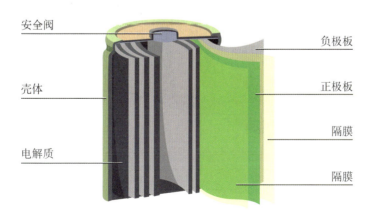

图2-1-5 镍氢电池结构图

镍氢电池具有无污染、无记忆效应、能量密度较高、输出功率大、质量小等优点。但其自放电率高,月放电率为30%~40%,且单体电池工作电压较低,仅为1.2V。这类电池不适用于用电量较大、续驶里程较高的纯电动汽车,所以主要应用于混合动力电动汽车,尤其在日系车型中应用广泛,如丰田凯美瑞混合动力车、丰田普锐斯混合动力汽车等,如图 2-1-6 所示。

图 2-1-6　普锐斯混合动力汽车的内部结构图

3. 铅系列电池

铅系列电池主要是指铅酸电池,这是一种以铅及其氧化物作为电极、以硫酸溶液作为电解液的蓄电池,如图 2-1-7 所示。在放电状态下,铅酸电池的正极活性物质为二氧化铅,负极活性物质为海绵状铅;在充电状态下,铅酸电池的正负极均为硫酸铅。

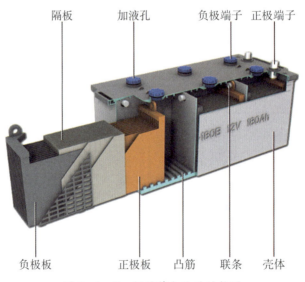

图 2-1-7　铅酸蓄电池的结构图

铅酸电池具有工作电压平稳、可靠性好、使用温度及电流范围宽、充放电循环次数多、储存性能好(尤其适于干式荷电储存)、造价较低的优点,比功率也基本上能满足电动汽车的动力性要求,目前广泛应用于电动摩托车、电动自行车、低速纯电动类观光车等领域。但其缺点是比能量(单位重量所蓄电能)小,而且会对环境造成污染。

4. 锂系列电池

锂电池可分为锂金属电池和锂离子电池两类。

锂金属电池一般是指使用二氧化锰为正极材料、金属锂或其合金金属为负极材料,使用非水电解质溶液的电池。可充电的第五代锂金属电池,其安全性、比容量、自放电率和性能价格比均优于锂离子电池。但由于自身的高技术要求限制,现在只有少数几个国家的公司在生产这种锂金属电池,所以其应用也很少。

锂离子电池一般是指使用锂合金金属氧化物为正极材料、石墨为负极材料,使用非水电解质的二次电池,如图2-1-8所示。锂离子电池具有工作电压高、比能量大、体积小、质量小、循环寿命长、自放电率低等优点,是现代高性能电池的代表,目前在新能源汽车上的应用比较普遍。但是其生产成本高、使用条件有限制,且高低温使用危险性较大,所以要严格遵守使用规范,并利用电池冷却系统控制其工作温度。

图2-1-8 锂离子电池

根据锂离子电池正极所用材料不同,锂电池可以分为磷酸铁锂电池、锰酸锂电池、钴酸锂电池、三元锂电池等。在实际使用中,磷酸铁锂电池具有耐高温、安全稳定性强、价格便宜、循环性能更好的优势。比亚迪E6(图2-1-9)、比亚迪秦等使用的就是磷酸铁锂电池。与磷酸铁锂电池不同,三元锂电池的比能量、比功率更大。除此之外,在大倍率充电和耐低温性能等方面,三元锂电池也有很大的优势。特斯拉的Model S(图2-1-10)采用的就是三元锂电池。近几年,锂离子动力电池装机量占动力电池装机量的90%以上。如2020年动力电池装机量达到63.3 GW·h,其中三元锂电池装机量为39.7 GW·h,占比近62.8%;磷酸铁锂电池装机量为23.2 GW·h,占比为36.7%。

图2-1-9 比亚迪E6

图2-1-10 特斯拉Model S

5. 二氧化锰系列电池

二氧化锰电池是以锌、镁、锂等金属为负极、二氧化锰为正极的电池系列。电解液采用碱性的氢氧化钾(KOH)水溶液,所以叫做碱性二氧化锰电池。由于该系列电池电解液与中性电池不同,电池反应也不同,其综合性能比中性电池更好,而且既可以做成一次电池,也可以做成二次电池。

二氧化锰电池结构简单,所使用的原材料来源丰富,所以其成本低、价格便宜,而且使用方便,不需维护,便于携带。由于这些优点,与其他电池系列相比,碱性二氧化锰电池在民用方面具有很强的竞争力,被广泛地应用于信号装置、仪器仪表、计算器、照相机闪光灯、收音机、电动玩具及钟表、照明等各种电器用具的直流电源。

6. 空气(氧气)系列电池

空气(氧气)电池是新一代绿色二次电池的代表之一,包括锌空气电池、铝空气电池、锂空气电池和镁空气电池等,具有成本低、无毒、无污染、比功率高、比能量高等优点,是替代传统电池的理想产品。但目前大多数的金属空气电池都存在电极的腐蚀及自放电现象,直接影响电极的电势。为解决这一问题,需要注意:①选用合理的电极材料和制造工艺;②合理地配置电解液,金属电极的腐蚀与所处的环境有关,选择合适的电解液能够提高电极的活性,防止电极的钝化和腐蚀;③开发高效的催化剂,提高氧空气电极活性。

目前,在新能源汽车上应用较多的动力电池类型主要有铅酸电池、镍氢电池、锂离子电池和燃料电池。

二、动力电池基本参数

随着人们生活质量的不断提升及科技的发展,长续驶里程的纯电动汽车将是新能源汽车发展的方向。目前,电池能量密度的不足,使得有限体积的电池系统不足以满足更高的续驶里程要求,因此高能量密度的动力电池将是未来发展的主要目标。

动力电池的种类很多,性能各异。电池的技术参数关系到整车的续驶里程、加速和爬坡等主要性能。作为表征动力电池性能的参数,主要包括电压参数、容量参数、内阻、能量参数、功率参数、充电参数、放电参数、寿命参数、利用率、记忆效应、荷电状态、化成等。

(一) 电压参数

1. 电动势

电动势是反映电源把其他形式的能转换成电能的物理量,电动势使电源两端产生电压。电池的电动势是热力学的两极平衡电极电位之差,常用 E 表示,单位是伏(V)。电动势是电池在理论上输出能量大小的度量之一。如果其他条件相同,那么电动势越高,理论上能输出的能量就越大。

实际上,电池的开路电压在数值上接近电池的电动势。所以在工程应用上,常常认为电池在开路条件下,正负极间的平衡电势之差即为电池的电动势。

2. 开路电压

开路电压是指在开路即断路状态下,电池的正极电极电位与负极电极电位之差。电池的开路电压取决于电池正负极材料的活性、电解质和温度条件等,而与电池的几何结构和尺寸大小无关。例如,无论铅酸电池的大小尺寸如何,其单体开路电压都是近似一致的。一般情况下,电池的开路电压要小于(但接近)它的电动势,因此人们一般近似认为电池的开路电压就是电池的电动势。

3. 额定电压

额定电压也称公称电压或标称电压,是指在规定条件下电池工作的标准电压。不同电化学类型的电池单体额定电压是不同的,根据额定电压也能区分电池的化学体系(表2-1-1)。

表2-1-1 常用不同化学体系电池的单体额定电压值

电池类型	单体额定电压/V
铅酸电池(VRLA)	2
镍锌电池(Ni-Zn)	1.6
镍氢电池(Ni-MH)	1.2
锌空气电池(Zn/Air)	1.2
铝空气电池(Al/Air)	1.4
钠氯化镍电池($Na/NiCl_2$)	2.5
钠硫电池(Na/S)	2.0
锰酸锂电池($LiMn_2O_2$)	3.7
磷酸铁锂电池($LiFePO_4$)	3.2

4. 工作电压

工作电压是指电池在接通负载放电过程中所显示出的电压,又称负荷(载)电压或放电电压。在电池放电初始时刻,即开始有工作电流时的电压称为初始电压。

电池在接通负载后,由于欧姆内阻和极化内阻的存在,电池的工作电压低于开路电压。其电压计算公式为:

$$V = E - IR = E - I(R_\Omega + R_f)$$

式中:I——电池的工作电流;E——电池的电动势;R_Ω——欧姆内阻;R_f——极化内阻。

5. 放电终止电压

放电终止电压也称为放电截止电压,是指电池在放电时,电压下降到不宜再继续放电的最低工作电压值。

由于对电池的容量和寿命要求的不同,以及不同的电池类型和放电条件,各种电池规定的放电终止电压也不同。一般而言,在低温或大电流放电时,终止电压规定得低些;小电流长时间或间歇放电时,终止电压值规定得高些。对于所有蓄电池(即充电电池)而言,放电终止电压都是必须严格规定的重要指标。

(二) 容量参数

电池在一定的放电条件下所能放出的电量称为电池容量,以符号 C 表示,其单位常用 $A·h$ 或 $mA·h$ 表示。

1. 理论容量

理论容量是假定全部活性物质参加电池的成流反应所能提供的电量。理论容量可根据电池反应式中电极活性物质的数量,按照法拉第定律计算的活性物质的电化学当量求出。

2. 额定容量

额定容量即按照国家或有关部门规定的标准,保证电池在一定的放电条件(如温度、放电率、终止电压等)下放出的最低限度容量。

3. 实际容量

实际容量是指在实际应用情况下电池放出的电量,它等于放电电流与放电时间的积分。实际放电容量受放电率的影响较大,所以常在字母 C 的右下角以阿拉伯数字标明放电率,如 $C_{20}=50\ A·h$,标明在 20 h 放电率下的容量为 50 A·h。其计算方式为:恒定电流放电时,$C=IT$;变电流放电时,

$$C = \int_0^T I(t)\,\mathrm{d}t$$

式中:I——放电电流,是放电时间 t 的函数;T——放电至终止电压所用的时间。

电池的实际容量与放电电流密切相关,大电流放电时,电极的极化增强,内阻增大,放电电压下降很快,电池的能量效率降低,因此实际放出的容量降低。相应地,在低倍率放电条件下,放电电压下降缓慢,电池实际放出的容量常常高于额定容量。

4. 剩余容量

剩余容量是指在一定放电倍率下放电后,电池剩余的可用容量。剩余容量的估计和计算受到电池前期应用的放电率、放电时间,以及电池老化程度、应用环境等多种因素影响,所以在准确计算上存在一定的困难。

(三) 内阻

电流通过电池内部时会受到阻碍,使电池的工作电压降低,该阻碍作用的大小称为电池内阻。电池内阻不是一个常数,而是在放电过程中随着活性物质的组成、电解液的密度和温度以及放电时间的变化而变化。电池内阻包括欧姆内阻和电极在电化学反应时所表现出的极化内阻。欧姆内阻主要由电极材料、电解液、隔膜的内阻及各部分零件的接触电阻组成。极化内阻是指化学电池的正极与负极在电化学反应进行时由于极化所引起的内阻。

由于内阻的存在,当电池放电时,电流经过内阻要产生热量,消耗能量。电流越大,消耗能量越多。所以内阻越小,电池的性能越好,不仅电池的实际工作电压高,消耗在内阻上的能量也少。

(四)能量参数

1. 电池能量

电池的能量是指在一定放电制度下,电池所能释放出的能量,通常用 W·h 或 kW·h 表示。电池能量(W·h)＝额定电压(V)×工作电流(A)×工作时间(h)。例如:3.2 V× 15 A·h 电池单体的能量为 48 W·h。电池能量是衡量电池带动设备做功的重要指标,但电池容量不能决定做功的多少。电池的能量分为理论能量和实际能量。

(1) 理论能量。假设电池在放电过程中始终处于平衡状态,其放电电压保持电动势(E)的数值,而且活性物质的利用率为 100%,即放电容量为理论容量,则在此条件下电池所输出的能量为理论能量 W_0,即

$$W_0 = C_0 E$$

(2) 实际能量。实际能量是指电池放电时实际输出的能量。它在数值上等于电池实际放电电压、放电电流与放电时间的积分,即

$$W = \int V(t) I(t) \mathrm{d}t$$

在实际工程应用中,作为实际能量的估算,经常采用电池组额定容量与电池放电平均电压乘积进行电池实际能量的计算。

由于活性物质不可能完全被利用,电池的工作电压总是小于电动势,电池的实际能量总是小于理论能量。

2. 能量密度

能量密度又称为比能量,是指单位质量或体积所能释放的能量,即质量比能量或体积比能量。通常用体积能量密度(W·h/L)或质量能量密度(W·h/kg)表示。在动力电池应用方面,动力电池质量比能量将影响电动汽车的整车质量和续驶里程,而体积比能量会影响动力电池的布置空间。因而比能量是评价动力电池能否满足电动汽车应用需要的重要指标。同时,比能量也是比较不同类型电池性能的一项重要指标。

例:某品牌的电池工作电压为 324 V,实际容量为 280 A·h,大小为 1 800 mm×900 mm× 200 mm,能量密度是多少?

解:能量密度＝能量÷体积＝324 V×280 A·h÷(1 800×900×200×10⁻⁶)L＝280 W·h/L。

(五)功率参数

1. 电池功率

电池功率是指在一定的放电制度下,单位时间内电池输出的能量,单位为 W 或 kW。理论上电池的功率可以表示为:

$$P_0 = \frac{W_0}{t} = \frac{C_0 E}{t} = IE$$

式中：t——放电时间；C_0——电池的理论容量；I——恒定的放电电流。

电池的实际功率应为：

$$P_0 = IV = I(E - IR_W) = IE - I^2R_W$$

式中：I^2R_W——消耗于电池内阻上的功率，这部分功率对负载是无用的。

2. 比功率

单位质量或单位体积电池输出的功率称为功率密度，又称比功率，单位为 kW/kg 或 W/g。功率密度的大小，表征电池所能承受的工作电流的大小。电池功率密度大，表示它可以承受大电流放电。功率密度是评价电池及电池组是否满足电动汽车加速和爬坡能力的重要指标。

（六）充电参数

1. 充电

利用外部电源使电池的电压和容量上升的过程称为充电，此时电能转化为化学能。

2. 充电特性

电池充电时所表现出来的特性称为充电特性，例如充电曲线、充电容量、充电率、充电深度、充电时间等。

3. 充电曲线

电池充电时其电压随时间的变化曲线称为充电曲线。

4. 恒流充电

在恒定的电流下，对充电电池进行充电的过程称为恒流充电。一般应设置终止电压，当电压达到该值时，充电过程结束。

5. 恒压充电

在恒定的电压下，对充电电池进行充电的过程称为恒压充电。一般而言，该恒定电压为充电终止电压。一般应设置终止电流，当电流小于该值时，充电过程结束。

6. 涓流充电

涓流充电指以小于 0.1C 电流对电池进行充电，一般在电池接近充满电时，进行补充充电时采用。若电池对充电时间没有严格要求的话，建议采用涓流充电方式充电。常见电池的充电方式见表 2-1-2。

表 2-1-2 常见电池的充电方式

电池类型	铅酸电池	镍氢电池	锂电池
充电方式	恒流后恒压	恒流	恒流后恒压
控制方法	电压2.3V、涓流	恒温或△V	电压4.2V、涓流

7. 浮充电

浮充电指将充足电的蓄电池组与充电设备并列运行,主要由充电设备供给恒定负荷,蓄电池平时不供电,充电设备以不大的电流来补充蓄电池的自放电,以及由于负载在短路时突然增大所引起的少量放电。

8. 过充电

超过规定的充电终止电压而继续充电的过程称为过充电。过充电会导致电池的使用寿命及安全性等受到影响。

(七) 放电参数

1. 放电

电流从电池流经外部电路的过程称为放电,此时化学能转换为电能。

2. 放电特性

电池放电时所表现出来的特性称为放电特性,例如放电曲线、放电容量、放电率、放电深度、放电时间等。

3. 放电曲线

电池放电时其电压随时间的变化曲线称为放电曲线。

4. 放电容量

电池放电时释放出来的电荷量称为放电容量,一般用时间与电流的乘积表示,例如 $A \cdot h$,$mA \cdot h$($1 A \cdot h = 3600 C$)。

5. 放电速率

放电速率是表示放电快慢的一种量度。

6. 放电深度

放电深度是表示电池放电程度的一种量度(depth of discharge,DOD),为放电容量与额定容量的比值,单位为%。例如,80%DOD 是指放电时放出额定容量的 80%停止。

7. 深度放电

深度放电表示蓄电池放出额定容量的 50%或超过 50%电量的放电。

8. 持续放电时间

电池在一定的外部负荷下,在规定的终止电压前的放电时间之和称为持续放电时间。

9. 过放电

过放电是指在低于终止电压时继续放电。此时容易发生漏液或电池的使用寿命受到影响。

10. 放电平台

放电平台是指放电曲线中电压基本保持水平的部分。放电平台越高、越长、越平稳,电池的放电性能越好,图 2-1-11 所示为开路电压(open circuit voltage,OCV)曲线图。

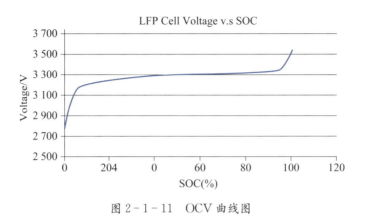

图 2-1-11 OCV 曲线图

11. 自放电

电池在搁置过程中,没有与外部负荷相连接而产生容量损失的过程称为自放电。

12. 自放电率

电池在储存过程中,容量会逐渐下降,其减少的容量与电池容量的比例,称为自放电率,又称为荷电保持能力。由于电极在电解液中的不稳定性,电池的两个电极发生了化学反应,活性物质被消耗,转为电能的化学能减少,电池容量下降。环境温度对自放电影响较大,温度过高会加速电池的自放电。

电池容量衰减(自放电率)的单位为%/月。电池自放电将直接降低电池的容量,自放电率直接影响电池的储存性能,自放电率越低,储存性能越好。

13. 放电制度

放电制度就是电池放电时所规定的各种条件,主要包括放电速率(电流)、终止电压和温度等。

(1) 放电电流。放电电流是指电池放电时的电流大小。放电电流的大小直接影响电池的各项性能指标,因此,介绍电池的容量或能量时,必须说明放电电流的大小,指出放电的条件。

(2) 放电终止电压。终止电压值与电池材料直接相关,并受到电池结构、放电率、环境温度等多种因素的影响。一般来说,低温大电流(高倍率)放电时,电极的极化大,活性物质不能充分利用,电池的电压下降较快。因此,在低温或大电流放电时,终止电压可规定得低些;小电流放电时,电极的极化小,活性物质能够得到充分利用,终止电压可规定得高些。

除上述主要性能指标外,还要求电池无毒性,不对周围环境造成污染或腐蚀,使用安全,有良好的充电性能,充电操作方便,耐振动,无记忆性,对环境温度变化不敏感,易于调整和维护等。

(八) 寿命参数

1. 循环寿命

在一定条件下,将充电电池进行反复充放电,当容量等电池性能达到规定的要求以下时所能发生的充放电次数称为循环寿命。蓄电池经历一次充放电过程称为一个周期或一次循环。电池在反复充放电后,容量会逐渐下降,在一定的放电条件下,电池容量降至80%时,电池所经受的循环次数就是循环寿命。使用电池的方式、电池材料、电解质的组成和浓度、充放电倍率、放电深度(DOD)、温度、制作工艺等都对电池的循环寿命有影响。

2. 存储寿命

电池在没有负荷的一定条件下进行放置,直到达到规定的性能劣化程度所能放置的时间称为存储寿命。

3. 日历寿命

电池在使用及搁置条件下达到规定的性能劣化程度时所需要的时间称为日历寿命。

(九) 利用率

实际放电容量与理论容量的百分比称为利用率。

(十) 记忆效应

电池长时间经受特定的工作循环后,自动保持这一特定的电性能倾向,称为记忆效应。电池出现明显的容量损失、放电电压下降通常是由长时间的浅充浅放循环从而引发记忆效应造成的,经过数次恢复性的全充全放循环后,电池性能得到恢复,记忆效应可以消除。

镍氢电池有记忆效应,但表现得不明显,可以忽略。锂离子电池不存在记忆效应。

(十一) 荷电状态

电池荷电状态(state of charge,SOC)用于描述电池的剩余电量,是电池使用过程中的重要参数。此参数与电池的充放电历史和充放电电流大小有关。

荷电状态值是个相对量,一般用百分比的方式来表示。SOC 的取值为:$0 \leqslant SOC \leqslant 100\%$。目前较统一的是从电量角度定义 SOC,如美国先进电池联合会(USABC)在其《电动汽车电池实验手册》中定义 SOC 为:电池在一定放电倍率下,剩余电量与相同条件下额定容量的比值。

(十二) 化成

电池制成后,通过一定的充放电方式将其内部正负极活性物质激活,以改善电池的充放电性能及自放电、储存等综合性能的过程称为化成。电池经过化成后才能体现其真实的性能。同时化成过程中的分选过程能够提高电池组的一致性,最终使电池组的性能提高。

三、新能源汽车动力电池要求及性能参数

动力电池是为混合动力汽车和电动汽车提供动力的电池,其最重要的特点就是高功率和高能量。高功率意味着更大的充放电强度,高能量表示更高的质量比能量和体积比能量。这里主要介绍动力电池的基本要求和性能参数。

(一) 动力电池要求

动力电池系统需要按照最优化的整车设计应用指标去设计,但从使用角度而言,电动汽

车对动力电池的性能要求主要有以下七个方面。

1. 比能量高

为了提高电动汽车的续驶里程,要求电动汽车上的动力电池尽可能储存较多的能量,但是鉴于电动汽车的重量和空间,要求动力电池具有较高的质量比能量和体积比能量。

2. 比功率大

为了使电动汽车在加速性能、爬坡能力和负载行驶等方面能与燃油汽车竞争,要求电池具有较高的比功率。

3. 充电技术成熟、时间短

充电技术要有通用性,能够实现无线充电,在充电时间上能够实现快速充电。

4. 连续放电率高、自放电率低

电池能够适应快速放电的要求,自放电率要低,电池能够长期存放。

5. 适应车辆运行环境

电池能够在常温条件下正常稳定地工作,不受环境温度的影响,不需要特殊的加热、保温系统,能够适应电动汽车行驶时的振动。

6. 安全可靠

电池应干燥、洁净,电解质不会渗漏腐蚀接线柱、外壳;不会引起自燃或者燃烧,在发生碰撞等事故时,不会对乘员造成损伤。废电池能够回收处理和再生利用,电池中有害金属能够集中回收处理。电池组可以采用机械装置进行整体快速更换,线路连接方便。

7. 寿命长,免维护

电池的循环寿命不应低于 1 000 次,在使用寿命限定时间内,不需要进行维护和修理。美国能源部(DOE)/新生代汽车联合体(PNGV)对混合动力车用动力电池的性能要求见表 2-1-3。

表 2-1-3 DOE/PNGV 对混合动力车用动力电池的性能要求

性能	并联式(最小值)	串联式(最小值)
放电脉冲功率(18s)/kW	25	65
充电脉冲功率(10s)/kW	30	70
总能量/kW·h	0.3	3.0
最低效率(%)	90	95
使用年限	10	10
最大质量/kg	40	65[+10 kg/(kW·h)超过 3 kW·h]
操作电压范围/V	300~100	300~100
操作温度范围/℃	-40~52	-40~52
最大允许自放电/kW·h·d^{-1}	50	50

相应地，随着我国新能源汽车行业的不断发展，新能源汽车电池的标准也在不断更新，图2-1-12所示为目前我国动力电池方面的一些国家标准。

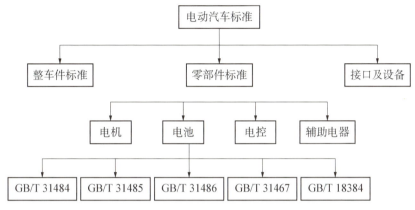

图2-1-12 我国电动汽车电池行业标准

（二）动力电池包性能参数

装备有电动驱动装置车辆的动力电池包相当于内燃机驱动车辆的燃油箱。它是电动驱动装置的蓄能器。为使电动驱动车辆达到预期的续驶里程，需要相应储存较多能量，因此蓄能器的体积和重量都比较大。选用不同性能的动力电池包，汽车具有不同的使用性能。影响新能源汽车使用的动力电池包的参数主要有额定电压、额定容量、能量密度、功率密度、荷电状态（SOC）、健康度（SOH）、循环寿命和成本等参数。

新能源汽车动力电池性能参数认知

本任务介绍了动力电池的类型、基本参数及新能源汽车动力电池要求等。

动力电池是电动汽车的主要储能装置。电池从问世发展至今，种类繁多，分类方法也不相同。目前常见的动力电池主要有铅酸电池、镍氢电池、锂离子电池和燃料电池。

电池的技术参数关系到整车的续驶里程、加速和爬坡等主要性能。作为表征动力电池性能的参数，主要包括电压参数、容量参数、内阻、能量参数、功率参数、充电参数、放电参数、寿命参数、利用率、记忆效应、荷电状态、化成等。

从使用角度而言，电动汽车对动力电池的性能要求主要有七个方面：比能量高；比功率大；充电技术成熟、时间短；连续放电率高、自放电率低；适应车辆运行环境；安全可靠；寿命长，免维护。

任务练习

一、判断题

1. 一次电池,不能进行充电再利用,放电后电池只能被遗弃。（ ）
2. 镍镉电池属于物理电池的一种。（ ）
3. 以金属锌为正极材料的化学电源称为锌系列电池。（ ）
4. 磷酸铁锂电池具有耐高温、安全稳定性强、价格便宜、循环性能更好的优势。（ ）
5. 内阻越小,电池的性能越好。（ ）
6. 二氧化锰系列电池便于携带,但是成本比较高。（ ）
7. 镍氢电池广泛应用于混合动力电动汽车尤其是日系车型中。（ ）
8. 电池内阻是一个固定的常数。（ ）
9. 体积比能量将影响电动汽车的整车质量和续驶里程。（ ）

二、选择题

1. 下列哪种电池是只要活性物质连续地注入电池,就能长期不断地进行放电？（ ）【单选题】
   A. 一次电池　　　　　　　　　　B. 二次电池
   C. 储备电池　　　　　　　　　　D. 燃料电池
2. 利用生物化学反应发电的电池是(　　)。【单选题】
   A. 化学电池　　　　　　　　　　B. 物理电池
   C. 生物电池　　　　　　　　　　D. 燃料电池
3. 铅酸电池的电解液是(　　)。【单选题】
   A. 硫酸溶液　　　　　　　　　　B. 纯净水
   C. 氢氧化钠溶液　　　　　　　　D. 氢氧化钾溶液
4. 评价电池及电池组是否满足电动汽车加速和爬坡能力的重要指标是(　　)。【单选题】
   A. 体积比能量　　　　　　　　　B. 功率密度
   C. 质量比能量　　　　　　　　　D. 电池能量
5. 电池在使用及搁置条件下达到规定的性能劣化程度时所需要的时间称为(　　)。【单选题】
   A. 寿命年限　　　　　　　　　　B. 日历寿命
   C. 循环寿命　　　　　　　　　　D. 存储寿命
6. 反映电源把其他形式的能转换成电能的物理量是(　　)。【单选题】
   A. 电动势　　　　　　　　　　　B. 开路电压
   C. 额定电压　　　　　　　　　　D. 工作电压

7. 放电电流与放电时间的积分是( )。【单选题】
   A. 理论容量　　　　　　　　　　　B. 额定容量
   C. 实际容量　　　　　　　　　　　D. 剩余容量
8. 电池经过( )后才能体现其真实的性能。【单选题】
   A. 放电　　　　　　　　　　　　　B. 化成
   C. 充电　　　　　　　　　　　　　D. 记忆效应
9. 根据电池在电动汽车的应用情况,目前常见的动力电池主要有( )。【多选题】
   A. 铅酸电池　　　　　　　　　　　B. 镍氢电池
   C. 锂离子电池　　　　　　　　　　D. 燃料电池

三、简答题

1. 按照电池的应用原理电池可分为哪几类？分别说出每种类型的代表电池。
2. 新能源汽车动力电池的要求有哪些？

任务 2 动力电池基本组成与原理

1. 掌握锂离子动力电池分类。
2. 掌握三元锂电池的组成和原理。
3. 掌握磷酸铁锂电池的组成和原理。
4. 了解其他类型动力电池组成和基本原理。

任务导入

某职业院校新能源汽车技术专业学生通过动力电池基本知识的学习,了解到应用于新能源汽车的动力电池有多种类型,如锂离子动力电池、铅酸动力电池等。现班级同学要开始学习动力电池基本组成与基本原理,老师提出两个问题:一是各种类型动力电池的基本组成是否相同? 二是各种类型动力电池基本原理是否相同? 要求班级同学通过各种类型动力电池基本组成与基本原理的学习,整理出相关知识体系并回答上述问题。

知识储备

常见的动力电池有铅酸电池、镍氢电池、锂离子电池、燃料电池等。我们知道动力电池的最小单元为单体电池,是直接将化学能转化成电能的基本装置。这里通过介绍单体电池的组成和原理学习各类电池的相关知识。

一、锂离子动力电池基本组成与基本原理

锂离子动力电池是指以锂合金金属氧化物为正极材料、石墨为负极材料,工作时锂离子能可逆地在正负极之间嵌入与脱嵌的二次电池。这种电池中没有金属锂存在,只有锂离子,具有工作电压高、比容量大、循环寿命长、无记忆效应、无环境污染等特点。因此自问世以来,锂离子动力电池在电动工具、电动自行车、混合动力汽车、纯电动汽车、区域电子综合信息系统、卫星及航天等地面与空间军事领域得到广泛应用。这里主要介绍锂离子动力电池的类型、组成与原理及工作特点。

锂离子动力电池认知

(一)锂离子动力电池类型

锂离子动力电池根据不同的分类标准,分为不同的类型,常见的分类标准具体如下。

1. 根据电池所用电解质材料不同分类

根据锂离子电池所用电解质材料不同,可以分为液态锂离子电池和聚合物锂离子电池两大类。液态锂离子电池使用液体电解质,有圆形和方形两种。聚合物锂离子电池则以固体聚合物作为电解质。这种聚合物可以是"干态"的,也可以是"胶态"的,目前大部分聚合物锂离子电池采用聚合物凝胶电解质。由于用固体电解质代替了液体电解质,与液态锂离子电池相比,聚合物锂离子电池具有可薄形化、任意面积与任意形状等优点,其质量比能量将会比目前的液态锂离子电池提高20%以上,因此这一电池在市场上将会逐渐增多。

2. 根据电池正极所用材料不同分类

根据锂离子电池正极所用材料不同,可以分为磷酸铁锂($LiFePO_4$)电池、锰酸锂($LiMn_2O_4$)电池、钴酸锂($LiCoO_2$)电池、三元锂电池[正极材料为$Li(NiCoMn)O_2$或$Li(NiCoAl)O_2$]等。

(1)磷酸铁锂电池。磷酸铁锂电池是指用磷酸铁锂作为正极材料的锂离子电池,具有良好的安全性和环保性,循环寿命可达2 000次以上,理论寿命达到7~8年。该电池工作温度范围宽广(−20~+75℃),具有耐高温的特性,且无记忆效应。磷酸铁锂电池也存在缺点,例如低温性能差、正极材料振实密度小等,而且等容量的磷酸铁锂电池的体积要大于钴酸锂等锂离子电池,因此在微型电池方面不具有优势。用作动力电池时,磷酸铁锂电池和其他电池一样,需要面对电池一致性问题。

(2)锰酸锂电池。锰酸锂电池是指正极使用锰酸锂材料的锂离子电池。锰酸锂以EMD(一种原材料,曾用作无汞碱锰电池专用材料)和碳酸锂为主要原料,配合相应的添加物,经过混料、烧结等步骤生产而成。锰酸锂电池的优点是耐低温、倍率性能好、制备较容易,缺点是材料本身不稳定需配以其他材料混合使用、高温性能差、循环性能差、衰减快。锰酸锂电池的这些缺点由锰的特性而来。不过,锰的广泛存在,使其具有明显的成本优势。

(3)钴酸锂电池。钴酸锂电池是指正极使用钴酸锂材料的锂离子电池。钴酸锂采用聚乙烯醇(PVA)或聚乙二醇(PEG)水溶液为溶剂,锂盐、钴盐分别溶解在PVA或PEG水溶液中,混合后的溶液经过加热、浓缩形成凝胶,生成的凝胶体再进行加热分解,然后在高温下煅烧,将烧成的粉体碾磨、过筛即得到钴酸锂粉。钴酸锂电池的结构稳定、比容量高、综合性能突出,但是其安全性差、成本非常高,主要用于中小型号单体电池,广泛应用于笔记本电脑、手机等小型电子设备中,标称电压为3.7 V。

(4)三元锂电池。三元锂电池是指正极材料使用镍钴锰酸锂或者镍钴铝酸锂的三元材料的锂离子电池。三元复合正极材料以镍盐、钴盐、锰盐为原料,镍、钴、锰的比例可以根据实际需要进行调整。三元锂离子电池因具有综合性能和成本的双重优势日益被行业所关注和认同,逐步超越磷酸铁锂电池和锰酸锂电池成为锂离子电池发展的主流产品。

3. 根据电池负极所用材料不同分类

锂离子电池负极材料应该能够容纳大量的锂离子Li^+,具有较高的离子电导率和电子电导率,以及良好的稳定性等。根据锂离子电池负极材料不同,锂离子电池可分为嵌入型负极材料锂离子电池、合金化型负极材料锂离子电池、转化型负极材料锂离子电池和钛酸锂负极材料锂离子电池四种。

(1) 嵌入型负极材料锂离子电池。嵌入型负极材料锂离子电池的负极材料是碳材料。根据材料石墨化程度的差别,碳材料通常可以分为软碳、硬碳和石墨。常见的软碳材料有石油焦、针状焦、碳纤维及碳微球;硬碳在 2 500℃ 以上也难以石墨化。石墨放电容量为 3 500 mA·h/g,具有层状结构,同一层的碳原子呈正六边形排列。石墨层间可嵌入锂离子形成锂-石墨层间化合物(Li-GIC)。石墨类材料导电性好,结晶度高,有稳定的充放电平台,是目前商业化程度最高的锂离子电池负极材料。除了石墨,其他的碳类材料的储锂机制也是如此。

(2) 合金化型负极材料锂离子电池。合金化型负极材料锂离子电池的负极材料是合金化储锂材料,合金化储锂材料是指能和锂发生合金化反应的金属和其合金、中间相化合物和复合物。常温下锂能与许多金属反应(如 Sn、Si、Zn、Al、Sb、Ge、Pb、Mg、Ca、As、Bi、Pt、Ag、Au、Cd、Hg 等),其充放电的机理本质为合金化及逆合金化的反应。通常来说,合金化型负极材料的理论比容量及电荷密度均远高于嵌入型负极材料。

(3) 转化型负极材料锂离子电池。转化型负极材料锂离子电池的负极材料有 10 种之多,常用的主要有过渡金属元素,如 Co、Ni、Mn、Fe、V、Ti、Mo、W、Cr、Cu、Ru 的氧化物、硫化物、氮化物、磷化物及氟化物。这种过渡金属氧化物被发现具有很高的可逆放电容量(3 倍于石墨),且材料的首次放电比容量也较高。

(4) 钛酸锂负极材料锂离子电池。钛酸锂负极材料锂离子电池是以钛酸锂作为电池的负极材料,这种电池在循环过程中材料表面不会形成 SEI 膜,首次充放电效率高。由于钛酸锂的高安全性、高稳定性、长寿命和绿色环保的特点,逐渐成为新一代锂离子电池的负极材料而被广泛应用在新能源汽车、电动摩托车,以及要求高安全性、高稳定性和长周期的应用领域。

(二) 锂离子动力电池基本组成与原理

锂离子动力电池的单体电池根据结构不同有方形电池和圆柱形电池,每种结构形式的单体电池都主要由正极、负极、电解质、隔膜和壳体等部件组成。根据生产要求和项目具体的需求不同,单体电池还有安全阀、绝缘层、密封圈和顶部盖板等部件,如图 2-2-1 所示。

新能源汽车应用较多的锂离子动力电池主要为三元锂电池和磷酸铁锂电池,下面以这两类电池为例介绍锂离子动力电池单体电池的组成和工作原理。

1. 三元锂电池组成和工作原理

认识三元锂电池

三元锂电池,也称为三元聚合物锂电池,是指正极使用三元材料制造的锂电池。常见的三元锂电池是指正极材料使用镍钴锰酸锂[Li(NiCoMn)O_2]或镍钴铝酸锂[Li(NiCoAl)O_2]的三元正极材料的锂电池。这种电池三元复合正极材料以镍盐、钴盐、锰盐为原料,里面镍钴锰的比例可以根据实际需要调整。这里以镍钴锰酸锂三元锂电池为例介绍三元锂电池的组成和原理。

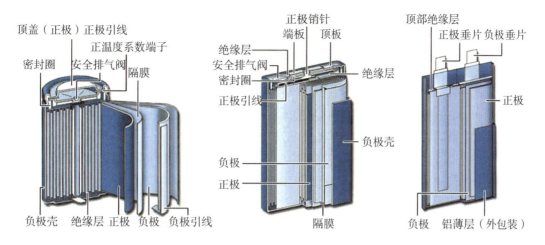

图 2-2-1 锂离子电池结构组成

（1）三元锂电池组成。镍钴锰酸锂[$Li(NiCoMn)O_2$]三元锂电池的单体电池主要由正极、隔膜、负极、电解质、外壳等组成，如图 2-2-2 所示。

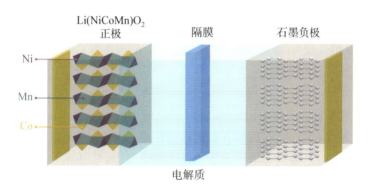

图 2-2-2 镍钴锰酸锂[$Li(NiCoMn)O_2$]三元锂电池组成

① 正极。镍钴锰酸锂[$Li(NiCoMn)O_2$]三元锂电池的正极材料为镍、钴、锰三种金属元素的聚合物，涂覆在铝箔上，三者缺一不可，每个元素都发挥着重要作用，同时每个元素的特点也制约着电池性能。

钴（Co）含量增加能有效减少阳离子混排，降低阻抗值，提高电导率和改善电池充放电循环性能，但随着 Co 的比例增加，材料的可逆嵌锂容量下降，成本增加。

镍（Ni）的存在有利于提高材料的可逆嵌锂容量，但过多镍离子（Ni^{2+}）的存在会使材料的循环性能恶化。

锰（Mn）不仅可以降低材料的成本，而且结构稳定，能提高材料的安全性和稳定性，但锰的含量太高容易出现尖晶石相而破坏材料的层状结构。

在这三种元素中，钴和镍是活性金属，锰不参与电化学反应。一般来说，活性金属含量越高，电池容量越大。但当镍含量过高时，会使镍离子占据锂离子的位置，加剧阳离子的混合,从而导致容量的降低。钴也是一种活性金属,但它可以起到抑制阳离子混合的作用,从而稳定材料的层状结构。锰作为一种非活性金属,在提高安全性方面起着稳定反应的作用。如镍、钴、锰含量比例为 5∶2∶3 的 NCM523 普通三元锂电池的能量密度在 160 W·h/kg 左右,而镍、钴、锰含量比例为 8∶1∶1 的 NCM811 高镍三元锂电池的能量密度将近 300 W·h/kg。

② 负极。三元锂离子电池负极材料目前主要使用天然石墨材料或人造石墨材料,少量使用中间相碳微球、钛酸锂、软碳/硬碳、硅及其他负极材料。

镍钴锰酸锂[$Li(NiCoMn)O_2$]三元锂电池的负极材料为层状石墨,涂覆在铜箔上。石墨是最早用于锂离子电池的碳负极材料之一,其导电性好、结晶度高、具有良好的层状结构,很适合锂离子的嵌入和脱出,形成锂-石墨层间化合物,可逆比容量可达 300 mA·h/g 以上,充放电效率在 90% 以上,不可逆比容量低于 50 mA·h/g。锂在石墨中的脱嵌反应发生在 0~0.25 V 左右,具有良好的充放电电势平台。石墨可与许多正极材料相匹配,组成的电池平均输出电压高,是目前锂离子电池应用最多的负极材料。

③ 隔膜。隔膜是一层多孔的薄膜,它一方面要用来隔离正负极以防止在发生电离反应时正负极反应造成短路,另一方面又要能够使锂离子正常通过薄膜。隔膜性能、质量的好坏直接决定电池充放电效率、循环使用寿命、电池容量以及安全性能。

隔膜按照工艺不同,分为干法工艺隔膜、半干法工艺隔膜、湿法工艺隔膜和无纺布法隔膜。干法技术主要用于聚丙烯(PP)隔膜的制造,半干法用于聚乙烯(PE)隔膜的制造,湿法主要用于聚乙烯(PE)隔膜的制造,无纺布法目前主要用于聚酯(PET)无纺布和陶瓷颗粒复合隔膜的制造。

聚乙烯(PE)隔膜具有优良的耐低温性能(最低使用温度可达 -70~-100℃),化学稳定性好,能耐大多数酸碱的侵蚀(不耐具有氧化性质的酸),常温下不溶于一般溶剂,吸水性小,电绝缘性能优良。但聚乙烯对环境应力(化学与机械用途)很敏感,耐热老化性差。聚丙烯(PP)隔膜有较低的热扭曲温度(100℃)、低透明度、低光泽度、低刚性,但是有更强的抗冲击强度。

目前动力电池中磷酸铁锂电池大多使用干法隔膜,而三元锂电池使用湿法隔膜,高镍三元锂电池因其对隔膜要求更高,大多使用湿法涂覆隔膜。

④ 电解质。电解质也是锂离子电池的重要组成部分,在正、负极之间起着输送离子传导电流的作用,对电池的性能有很大影响。常用的电解质有水系电解质和有机电解质。在传统电池中,电解质均采用以水为溶剂的电解质体系,由于许多物质在水中的溶解性较好,而且人们对水溶液体系物理化学性质的认识已很深入,故电池的电解液选择范围很广。但是,由于水系电解质的理论分解电压只有 1.23 V,因此以水为溶剂的电解质体系的电压最高也只有 2 V 左右(如铅酸蓄电池)。锂离子电池电压高达 3~4 V,传统的水溶液体系已不适应电池的需要,而必须采用非水电解质体系作为锂离子电池的电解质。因此,对高电压下不分解的有机溶剂和电解质的研究是锂离子电池开发的关键。

锂离子电池的电解质包括液态有机电解质、凝胶型聚合物电解质和全固态电解质。而商品化的锂离子电池多数使用液态有机电解质和凝胶型聚合物电解质。有机电解质是由有机溶剂和电解质锂盐和添加剂组成的非水液体电解质。

有机溶剂一般由高介电常数溶剂与低黏度溶剂混合,是电解质的主体部分,与电解质的性能密切相关。常用电解质锂盐主要有六氟磷酸锂、四氟硼酸锂和高氯酸锂等。其中六氟磷酸锂是商业化锂离子电池主要采用的电解质锂盐。镍钴锰酸锂[Li(NiCoMn)O$_2$]三元锂电池使用的电解质溶液有六氟磷酸锂的碳酸酯类溶剂,聚合物则使用凝胶状电解液。

⑤ 电池外壳。三元锂电池的壳体作用是保护电池内部材料。外壳材料一般是铝,其具有防爆、耐高温、耐腐蚀、表面处理性能良好、化学性能稳定、无磁性、可以重复回收利用等优点。

(2) 三元锂电池工作原理。三元锂电池工作过程中,Li$^+$ 可逆地在两个电极之间反复嵌入与脱嵌,具体工作过程如下。

① 充电过程。充电电路开关闭合后,在外部电压作用下,三元锂电池从正极镍钴锰酸锂的金属化合物中,分离出锂离子和电子。电子在外电场作用下从正极板流经外部电路到达石墨负极;正极板内部的锂离子向正极板表面运动,进入电解液,并沿着电解液穿过隔膜,运动到负极,与从外电路过来的电子结合,形成局部电路中性,嵌入石墨负极间隙中。

充电过程中,电流从外部电源正极,经三元锂电池内部,流向外部电源负极。正极失去电子发生氧化反应,负极得到电子发生还原反应。

正极上发生的反应为:

$$Li(NiCoMn)O_2 \longrightarrow Li_{1-x}(NiCoMn)O_2 + xLi^+ + xe^-$$

负极上发生的反应为:

$$nC + xLi^+ + xe^- \longrightarrow Li_xC_n$$

② 放电过程。负载电路开关闭合后,在三元锂电池正负极板电位差的作用下,电子和锂离子从石墨负极脱出。电子从石墨负极经过负载回到电池正极;锂离子从石墨负载板脱离进入电解液,穿过隔膜移动到电池正极板,与电子结合,最终回到正极金属化合物的稳定结构中。

放电过程中,电流从三元锂电池正极流出,经负载回到三元锂电池负极。负极失去电子发生氧化反应,正极得到电子发生还原反应。

正极上发生的反应为:

$$Li_{1-x}(NiCoMn)O_2 + xLi^+ + xe^- \longrightarrow Li(NiCoMn)O_2$$

负极上发生的反应为:

$$Li_xC_n \longrightarrow nC + xLi^+ + xe^-$$

2. 磷酸铁锂电池组成和工作原理

磷酸铁锂电池的全名是磷酸铁锂锂离子电池,简称为磷酸铁锂电池,也有人称其为铁锂电池。这里简单介绍这种电池的组成和原理。

(1) 磷酸铁锂电池组成。磷酸铁锂电池一般由正极材料、负极材料、聚合物隔膜和电解质以及壳体这些主要部分组成,如图2-2-3所示。

认识磷酸铁锂电池

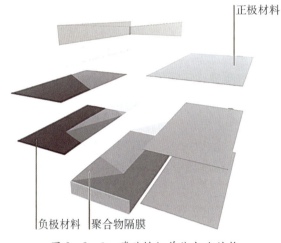

图 2-2-3 磷酸铁锂单体电池结构　　图 2-2-4 橄榄石型磷酸铁锂

① 正极材料。磷酸铁锂电池的正极材料是橄榄石型磷酸铁锂（$LiFePO_4$），如图 2-2-4 所示，涂覆在铝箔上。

橄榄石型磷酸铁锂正极材料具有以下特点：

- 充放电过程中有较大的吉布斯自由能（ΔG）变化，根据 $\Delta G=-nFE$，以便材料有一个较大的氧化还原电位（E）。
- 较低的分子量和较大的密度，以便电池具有较高的质量和体积比能量。
- 较大的锂离子扩散速率和良好的电子电导率，以便提供大的工作电流。
- 锂离子的脱出和嵌入对材料结构稳定性影响要小，以便材料具有较长的循环寿命。
- 安全性能好，在电解液中要有良好的化学稳定性和热稳定性。
- 无毒无污染，对环境友好。
- 制备简单，价格低廉。

橄榄石型磷酸铁锂（$LiFePO_4$）材料，具有安全性高、循环寿命长、原料来源丰富、价格低廉和绿色环保等优点。

② 负极材料。磷酸铁锂电池的负极为层状石墨，涂覆在铜箔上。其作为负极材料有以下特点：

- 电位低，接近金属锂的电位，且在脱嵌锂的过程中电位变化小。
- 有较高的比能量、充放电效率和锂离子扩散率。
- 有较高的化学稳定性、结构稳定性和热稳定性。
- 价格低廉，制备简单，且对环境无污染。

③ 聚合物隔膜。在锂离子电池正极与负极之间有一层高聚物膜材料，称为隔膜，是锂离子电池的重要组成部分。隔膜的作用是防止正负极直接接触而造成电池内部短路，同时保证电解质中的锂离子能够在正负极之间自由通过。

隔膜的性能直接决定着锂离子电池电化学性能的发挥，所以一个优质的隔膜应具有膜电阻低、孔隙率高、吸液性能好、力学强度和化学性能稳定等特点。目前商业化锂离子电池中常用的隔膜为聚丙烯或聚乙烯微孔膜。

④ 电解质。磷酸铁锂电池电解质由有机溶剂、电解质锂盐和添加剂组成。有机溶剂一般由高介电常数溶剂与低黏度溶剂混合,是电解质的主体部分,与电解质的性能密切相关;磷酸铁锂电池电解质锂盐主要是六氟磷酸锂。

磷酸铁锂电池的电解质有以下特点:
- 具有良好的离子电导率和一定的电化学稳定窗口。
- 具有高化学稳定性和良好的热稳定性。
- 具有良好的安全性和低毒性。
- 价格低廉,制备简单。

(2) 磷酸铁锂电池工作原理。磷酸铁锂电池通过锂离子在充放电时来回迁移而工作,其具体工作过程如下。

① 充电过程。在充电过程中,如图2-2-5所示,充电电路开关闭合后,在外部电压的作用下,磷酸铁锂电池从正极金属化合物中分离出电子和锂离子,电子在外电场作用下,从正极板流经外部电路到达负极的碳素材料层,电极板内部的锂离子向正极板表面运动,进入电解质,并沿着电解质穿过隔膜,运动到负极与从外电路过来的电子结合,形成局部电路中性嵌入到负极的碳素材料层的间隙中。充电过程中,电流从外部电源正极经磷酸铁锂电池内部流向外部电源负极,正极失去电子发生氧化反应,负极得到电子发生还原反应。

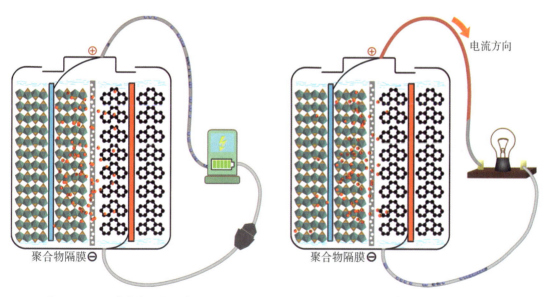

图2-2-5 磷酸铁锂电池充电过程　　图2-2-6 磷酸铁锂电池放电过程

② 放电过程。在放电过程中,如图2-2-6所示,负载电路开关闭合后,在磷酸铁锂电池正负极板电位差的作用下,电子和锂离子从负极的碳素材料层脱出,电子从负极的碳素材料层经过负载回到电池正极,锂离子从负极的碳素材料层脱离进入电解液,穿过隔膜移动到电池正极板,与电子结合,最终回到正极金属化合物的稳定结构中。放电过程中,电流从电池正

极流出，经负载回到电池负极，负极失去电子发生氧化反应，正极得到电子发生还原反应。

(三) 锂离子动力电池特点及应用

锂离子电池可以使用在便携式设备、卫星、储备电源、电动汽车等各种领域，具有广阔的应用前景。这里介绍锂离子电池的特点及其在电动汽车上的应用。

1. 特点

（1）锂离子电池的优越性能。

① 单体电池工作电压高达 3.7 V，是镍氢电池的 3 倍、铅酸电池的 2 倍。

② 比能量高达 150 W·h/kg，是镍氢电池的 2 倍、铅酸电池的 4 倍。因此相同能量情况下重量是铅酸电池的 1/4。

③ 能量密度高达 400 W·h/L，相同能量情况下体积是铅酸电池的 1/3～1/2。

④ 循环寿命长，循环次数可达 1 000～2 000 次。

⑤ 自放电率低，每月不到 10%。

⑥ 无记忆效应，充电前不必像镍镉电池一样需要完全放电，可以随时随地进行充电。深度放电对电池寿命的影响不大，放电深度可达 95%。

（2）锂离子电池的不足。

① 成本高。主要是正极材料 $LiCoO_2$ 的价格高，按单位 W·h 的价格来计算，低于镍氢电池，与镍镉电池持平，但高于铅酸电池。

② 必须有特殊的保护电路，以防止过充电。

2. 应用

早在 2007 年，锂离子动力电池的产量就有约为 9 万组，以配套电动自行车出口为主，国内销售量占总销售量的 10%。国内销售的主要瓶颈是价格偏高，但成本下降的空间比较大。随着锂离子电池生产厂家的增加以及生产技术的不断成熟，锂离子动力电池在电动自行车市场的潜力巨大。

在电动汽车方面，国内众多汽车研制和生产企业开发的电动汽车半数以上车型采用了锂离子电池，并且应用范围有逐步扩大的趋势。国际上，已经宣布进入市场销售的纯电动汽车和插电式混合动力汽车，如日产公司的 Leaf、通用公司的 Volt 均采用了锂离子动力电池系统，如图 2-2-7 和图 2-2-8 所示。

图 2-2-7 Leaf 纯电动汽车

图 2-2-8 Volt 电动汽车

二、其他类型动力电池基本组成与基本原理

新能源汽车动力电池应用最多的是锂离子动力电池,除此之外铅酸电池、镍氢电池、锌空气电池、飞轮电池、燃料电池也被应用在新能源汽车上。这里简单介绍几种电池组成和原理。

(一) 铅酸电池

铅酸电池作为发展历史最悠久的电池,其技术成熟、性能可靠、成本低廉、维护方便,在储能电源、起动电源、车载电源等领域仍然应用广泛。这里主要介绍铅酸电池组成、原理、特点和应用。

1. 铅酸电池基本组成

铅酸蓄电池的外形虽然各异,但主要构成部件相似,都由正负极板、隔板、电解液、溢气阀、外壳等部分组成,其结构如图2-2-9所示。

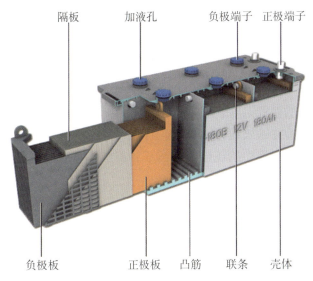

图2-2-9 铅酸蓄电池的结构图

普通铅酸电池结构与特点

(1)极板。极板是铅酸电池的核心部件,它以铅锑合金为骨架,涂有铅膏。经过化学处理后,正、负极板上形成各自的活性物质,正极板上的活性物质是二氧化铅(PbO_2),负极板上的活性物质为海绵状纯铅。

(2)隔板。隔板的功能是隔离正、负极的活性物质,可防止短路。其作为电解液的载体,能够吸收大量的电解液,起到促进离子良好扩散的作用;隔板还是正极产生的氧气到达负极板的"通道",以顺利建立氧循环,减少水的损失。在电池内部,按照正极板——隔板——负极板,然后再重复正极板——隔板——负极板这样的规律构成多层次的结构。它们中间充满电解液,如图2-2-10所示。

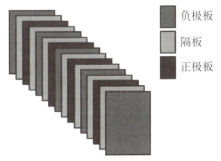

图2-2-10 铅酸蓄电池隔板

(3) 电解液。铅酸电池的电解液均为硫酸,即用蒸馏水和纯硫酸按一定比例配制而成,其主要作用是参与电化学反应。电解液是铅酸蓄电池的活性物质之一。电池槽中装入一定密度的电解液后,由于电化学反应,正、负极板间会产生约2.1V的电动势。

(4) 溢气阀。溢气阀位于电池顶部,起到安全、密封、防爆等作用。

(5) 电池槽及槽盖。电池槽及槽盖是盛放正、负极板和电解液的容器,即电池外壳。它是整体结构,壳内由隔壁分成三格或六格互不相通的单格;其底部有突起的凸筋,用来搁置极板组;凸筋间的空隙用来堆放从极板上脱落下来的活性物质,以防止极板短路。槽的厚度及材料直接影响电池是否膨胀变形。外壳材料一般是橡胶或工程塑料,如PVC或ABS槽盖。

2. 铅酸电池基本原理

铅酸电池的工作过程就是化学能与电能之间的相互转化过程(图2-2-11)。铅酸电池使用时,把化学能转化为电能的过程叫放电。在使用后,借助于外部直流电在电池内进行化学反应,把电能转变为化学能而储存起来,这种蓄电过程称作充电。

铅酸电池在放电前,正极板上的二氧化铅电离为四价的铅离子(Pb^{4+})和二价氧离子(O^{2-})。铅离子附在正极板上,氧离子进入电解液中,使正极板具有2.0V的正电位。负极板上的纯铅电离为二价铅离子(Pb^{2+})和两个电子($2e^-$),铅离子进入电解液中,电子留在负极,使负极具有-0.1V的负电位。这样正负极之间有了2.1V电位差。

放电时,正极板上的四价铅离子与电子结合生成二价铅离子,进入电解液再与硫酸根离子结合生成硫酸铅,附着在正极板上;负极板上,二价铅离子也与硫酸根离子结合生成硫酸铅,附着在负极板上。电解液中的硫酸因氢离子和硫酸根离子的迁移而被消耗掉,生成水,因此放电后电解液的密度是逐渐下降的。

放电时正、负极的化学反应式:

正极:
$$PbO_2(固) + 4H^+(水溶液) + SO_4^{2-}(水溶液) + 2e^- \longrightarrow PbSO_4(固) + 2H_2O(液)$$

负极:
$$Pb(固) + SO_4^{2-}(水溶液) \longrightarrow PbSO_4(固) + 2e^-$$

充电时,如果把放电后的蓄电池接一个直流电源,使蓄电池正极接直流电源的正极,蓄电池的负极接直流电源的负极,当外电压高于蓄电池的电动势时,电流将以与放电电流相反的方向流过蓄电池,使蓄电池正、负极发生与放电过程正好相反的化学反应。

综上,铅酸蓄电池在充放电时总的化学反应式为:

$$\underset{\text{二氧化铅}}{\underset{\text{正极}}{PbO_2}} + \underset{\text{硫酸}}{\underset{\text{电解液}}{2H_2SO_4}} + \underset{\text{海绵状铅}}{\underset{\text{负极}}{Ph}} \underset{\text{充电}}{\overset{\text{放电}}{\rightleftharpoons}} \underset{\text{硫酸铅}}{\underset{\text{正极}}{PbSO_4}} + \underset{\text{水}}{\underset{\text{电解液}}{2H_2O}} + \underset{\text{硫酸铅}}{\underset{\text{负极}}{PhSO4}}$$

另外,在充电过程中,可以根据两种反应的激烈程度将充电分为3个阶段:高效阶段、混合阶段和气体析出阶段。

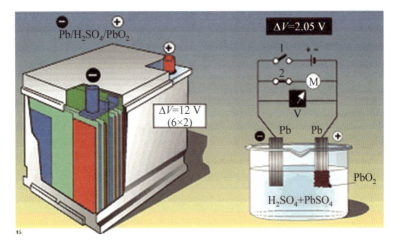

铅酸电池工作原理

图 2-2-11　铅酸蓄电池的工作原理

（1）高效阶段。这一阶段主要反应是 $PbSO_4$ 转换成为 Pb 和 PbO_2，充电接受率约为 100%。充电接受率是转化为电化学储备的电能与来自充电机输出电能之比。这一阶段在电池电压达到 2.39 V/单格（取决于温度和充电率）时结束。

（2）混合阶段。水的电解反应与主反应同时发生，充电接受率逐渐下降。当电池电压和酸液的浓度不再上升时，电池单元即被充满。

（3）气体析出阶段。电池已充满，电池中进行水的电解和自放电反应。由于密封的阀控式免维护铅酸电池具有氧循环的设计，即正极板上析出的氧在负极板上被还原重新生成水而消失，因此析出气量很小，不需要补充水。

3. 铅酸电池特点

（1）铅酸电池的优点。

① 原料容易得到而且价格便宜、技术成熟、生产方便、产品一致性好。

② 比功率高。铅酸电池电动势高，大电流放电性能优良，可以满足车辆起动和加速的功率要求。

③ 浮充电（恒压小电流充电，可防止电池自放电）寿命长。其在 25℃下浮充状态使用可达 20 年。

④ 使用安全。铅酸电池易于识别电池荷电状态，可在较宽的温度范围内使用，且电性能稳定可靠。

⑤ 再生率高。

（2）铅酸电池的缺点。

① 比能量低。

② 循环寿命短。循环充电次数不足 300 次。

③ 自放电，过充电时有大量气体产生。

④ 供电不稳定。供电强弱随温度而变化，冬天只能释放一半的电量。

⑤ 污染严重。

图 2-2-12 EV-1 电动汽车

4. 铅酸电池应用

铅酸电池发明 100 多年来，广泛应用于各工业领域，如汽车、摩托车的起动、点火、照明（SLI 电池）及通信行业，电力工业的后备电源，铁路内燃机车的牵引电池等。动力性 VRLA 电池已应用于电动牵引车、轻型电动车和混合动力电动车等。图 2-2-12 所示为美国通用汽车公司（GM）的电动汽车 EV-1，该车采用铅酸蓄电池作为电源。

（二）镍氢电池

认识镍氢电池

目前镍氢电池能够满足混合动力电动汽车所要求的高能量、高功率、长寿命和足够宽的工作温度范围，已经广泛应用于电动工具、电动自行车等。这里主要介绍镍氢电池组成、原理、特点及应用。

镍氢电池一般有圆柱形和方形两种结构，方形包括塑料壳和金属壳两种。下面分别介绍方形和圆柱形镍氢电池的结构及其特点。

1. 镍氢电池基本组成

（1）方形镍氢电池结构。方形镍氢电池主要由正极、负极、隔膜、碱性电解质、外壳等组成，如图 2-2-13 所示。

单体电池结构
（HV 镍氢电池）

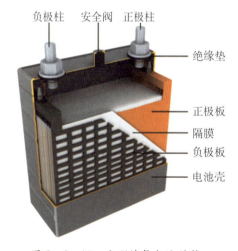

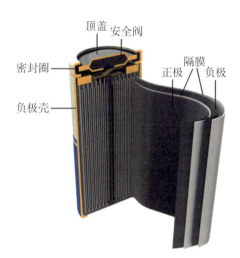

图 2-2-13 方形镍氢电池结构　　　图 2-2-14 圆柱形镍氢电池结构

（2）圆柱形镍氢电池结构。圆柱形镍氢电池主要由电池壳体、正极、负极、隔膜、顶盖、安全阀等组成，且圆柱形电池极组一般由单个正极片、负极片、隔膜卷绕形成，其结构如图 2-2-14 所示，有些镍氢电池内部还有集流体。

在应用过程中，由于活性物质的结构变化，电极会发生膨胀，圆柱形电池的耐压程度要远高于方形电池,所以一般圆柱形电池的安全阀开启压力要比方形电池高得多。方形电池在应用中容易发生膨胀,组合应用时需要采取防膨胀措施。

(3) 镍氢电池结构特点。镍氢电池正极的活性物质为氢氧化镍[$Ni(OH)_2$],充电后变为羟基氧化镍(NiOOH);负极的活性物质为储氢合金(M),充电后变为金属氢化物(MH);隔膜采用聚丙烯接枝,用于储存电解液、导通离子并阻断电池内部正负电极间电子传递;使用以氢氧化钾(KOH)为主并少量添加氢氧化钠(NaOH)、氢氧化钾(LiOH)组成的水溶液为电解液。镍氢电池各组成结构和性能特点具体如下。

① 正极氢氧化镍。镍氢电池正极的氢氧化镍[$Ni(OH)_2$]电极,被广泛地应用于 Cd-Ni、Fe-Ni、Zn-Ni 和 MH-Ni 等碱性蓄电池的正极活性物质。普通的 $Ni(OH)_2$ 颗粒形状不规则,晶粒尺寸分布范围较宽,振实密度约为 1.6 g/cm^3。高容量碱性蓄电池的迅速发展,对氢氧化镍提出了更高的要求,不但要有高的电化学活性,而且要有高的堆积密度。球形氢氧化镍外表呈球形或者椭球形,颗粒大小均匀,振实密度为 $1.9 \sim 2 \text{ g/cm}^3$,具有活性高、流动性好等特点,而且能够显著提高镍电极的体积比容量和电池的比能量。

② 负极储氢合金。镍氢电池负极储氢合金具有很强的吸氢能力,在一定压力条件下,能够"吸收"大量氢气,反应生成金属氢化物,同时放出热量。该氢化物在一定条件下又会将储存在其中的氢释放出来。满足以下条件的储氢合金可以作为动力镍氢电池的负极材料:一是在碱液中合金组分的化学性质相对稳定;二是储氢容量高,平台压力适中;三是氢的扩散速率快,具有良好的电催化活性及高倍率放电能力;四是有较好的抗氧化、抗吸氢粉化能力,循环寿命长;五是电化学容量在较宽的温度范围内变化不大;六是自放电小;七是资源丰富,成本低廉;八是导热性好。

③ 电解液。镍氢电池的电解液多采用氢氧化钾(KOH)水溶液,并加入少量的氢氧化锂(LiOH)。

④ 隔膜。隔膜是电池正负极之间的隔离板,须具备良好的电绝缘性。隔膜在电解液中处于浸湿状态,因此还需具有良好的耐碱性和透气性。隔膜性能的好坏会影响电池的循环寿命和自放电情况。因此在选择隔膜时,应当选用温度范围较宽(-55~85℃)、厚度较薄、便于气体扩散的材料。目前镍氢电池的隔膜材料多采用多孔维尼龙无纺布或尼龙无纺布等。

2. 镍氢电池基本原理

(1) 镍氢电池电极反应原理。镍氢电池正极板的活性物质为氢氧化镍[$Ni(OH)_2$],负极板的活性物质为储氢合金(M),电解液采用 30% 的氢氧化钾溶液,电化学反应如下:

负极反应式:

$$x H_2O + M + xe^- \xrightleftharpoons[\text{放电}]{\text{充电}} x OH^- + MHx$$

正极反应式:

$$Ni(OH)_2 + OH^- \xrightleftharpoons[\text{放电}]{\text{充电}} NiOOH + H_2O + e^-$$

电池反应式:

$$x\text{Ni(OH)}_2 + \text{M} \underset{\text{放电}}{\overset{\text{充电}}{\rightleftharpoons}} x\text{NiOOH} + \text{MH}_2$$

从反应式可以看出,镍氢电池在充、放电过程中,正、负极上在进行电化学反应时不生成任何中间态的可溶性金属离子,也没有电解液的任何成分消耗和生成,因而镍氢电池可以做成密封结构,并且在使用过程中可以免维护。

(2)镍氢电池工作原理。镍氢电池放电时,正极上 NiOOH 得到电子还原成为 Ni(OH)_2,负极金属氰化物(MH_x)内部的氢原子扩散到表面形成吸附态氢原子,接着再发生电化学反应生成水和储氢合金,如图 2-2-15 所示。在镍氢电池出现过放电时,正极活性物质中的 NiOOH 已经消耗完了,这时正极上的水分子被还原为氢和 OH^- 离子。负极上由于储氢合金的催化作用,使 OH^- 与氢反应又生成水。

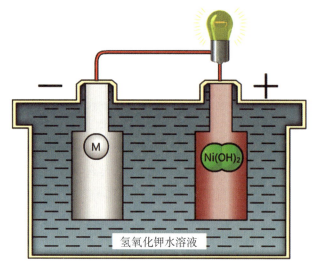

镍氢电池工作原理

图 2-2-15 镍氢电池放电

镍氢电池充电时,正极上的 Ni(OH)_2 转变为 NiOOH。由于质子在 NiOOH/Ni(OH)_2 中的扩散系数小,是氢氧化镍电极充电过程的控制步骤。在负极,析出的氢原子吸附在储氢合金表面,形成吸附态 MHab,然后再扩散到储氢合金内部,形成金属氢化物 MH,如图 2-2-16 所示。原子氢在储氢合金中的扩散速率较慢,扩散系数一般只有 $10^{-8} \sim 10^{-7}\ \text{cm}^2/\text{s}$。因此,氢原子扩散是储氢合金负极充电过程的控制步骤。过充电时,由于 MH-Ni 电池是正极限容,正极会产生 O_2,并通过隔膜扩散到负极,又由于负极电势为负,在储氢合金的催化作用下又生成 OH^-,总反应为零。因此过充电时,KOH 浓度和水的总量保持不变。

过充电时,正极上析出氧,然后扩散到负极上发生极化反应,生成 OH 离子。在电池过充电和过放电过程中,正、负极上发生的反应可用下式表示:

正极:过充电析出氧 $4\text{OH}^- \longrightarrow \text{O}_2 + 2\text{H}_2\text{O} + 4e^-$

       过放电析出氧 $2\text{H}_2\text{O} + 2e^- \longrightarrow 2\text{OH}^- + \text{H}_2$

负极:过充电消耗氧 $2\text{H}_2\text{O} + \text{O}_2 + 4e^- \longrightarrow 4\text{OH}^-$

       过放电消耗氧 $\text{H}_2 + 2\text{OH}^- \longrightarrow 2\text{H}_2\text{O} + 2e^-$

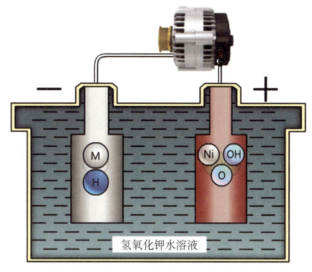

图 2-2-16 镍氢电池充电

由此可知,在镍氢电池充、放电反应中,储氢合金担负着储氢和在其表面进行电化学催化反应的双重任务。在过充电和过放电过程中,由于储氢合金的催化作用,可以消除产生的 O_2 和 H_2,从而使镍氢电池具有耐过充电、过放电的能力。但随着充放电循环的进行,储氢合金会逐渐失去催化能力,电池的内压会逐渐升高,最终导致电池漏液失效。

3. 镍氢电池特点

(1) 镍氢电池的优点。

① 功率性能好。

② 低温性能好。

③ 循环寿命长。

④ 无污染。

⑤ 耐过充电和过放电。

⑥ 应用比较成熟。

⑦ 管理系统相对简单。

⑧ 具有较高的回收价值。

(2) 镍氢电池的缺点。

① 蓄电池的热效应。镍氢电池在电动汽车上的应用遇到的主要问题是热效应问题。其主要原因有两个:一是镍氢蓄电池本身的充电反应是一个放热反应,充电过程中产生的热量达到 949 J/(A·h);二是充电效率低,镍氢蓄电池即使在空载下,充电效率也达不到 100%,充电量超过 80% 后,副反应速度增加很快,产热速度迅速上升,严重时会带来热失控问题,且充电电流越大,充电效率越低,产生的热量越多。

② 蓄电池比能量较低。镍氢电池比能量一般为 50~70 W·h/kg,虽然是铅酸电池的 2~3 倍,但与锂离子电池相比,相差较大。

③ 标称电压低。镍氢电池 1.2 V 的标称电压，组合成数百伏的车用动力电源系统时，就需要很多的电池串联，对电池的一致性、可靠性要求更高。

④ 高温充电性能差。在高温下充电效率降低，充电效率的降低推动电池温度的进一步升高，最终可能会出现热失控，进而出现安全问题。

⑤ 自放电率大。在常用的铅酸、镍氢、锂离子电池中，镍氢电池的自放电率是比较大的，一般充满电常温搁置 28 天后自放电量可达 10%～30%。

⑥ 材料成本高。镍氢电池中使用了大量较贵重的金属（如镍、钴等），使电池材料成本比较高。

4. 镍氢电池应用

由于镍氢电池满足混合动力电动汽车高功率密度的要求，该类电池目前在混合动力电动汽车尤其是在日系车型中应用广泛，如丰田凯美瑞混合动力车、普锐斯、雷克萨斯 CT200、本田思域等。

丰田普锐斯混合动力（图 2-2-17）汽车采用镍氢电池作为动力电源。普锐斯的 HV 蓄电池采用的就是 288 V、6.5 A·h 的镍氢动力电池。该电池组可以通过发电机和电动机实现充放电，且输出功率大、质量小、寿命长、耐久性好。丰田凯美瑞混合动力车的镍氢电池组在整车的布置如图 2-2-18 所示。

图 2-2-17 普锐斯混合动力汽车

图 2-2-18 丰田凯美瑞混合动力车

（三）锌空气电池

锌空气电池是金属-空气电池中的一种，它以锌为负极活性物质，以空气中的氧气为正极活性物质，电解液一般采用碱性或中性的电解质水溶液，这种电池既可以做成一次电池，也可以做成二次电池。金属-空气电池的原材料来源丰富、性价比高、无污染，被称为是"面向 21 世纪的绿色能源"。这里主要介绍锌空气电池的组成、原理、特点及应用。

1. 锌空气电池基本组成

锌空气电池结构主要由正电极（空气电极）、负电极、隔膜和电解液等组成，如图 2-2-

19所示。其中正极是空气电极(氧电极)，负极是金属电极(锌电极)，电解液则主要是氢氧化钠或氢氧化钾碱性溶液。

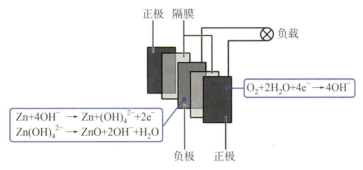

图 2-2-19 锌空气电池的结构

锌空气电池结构

(1) 正电极(空气电极)。空气电极是一种气体扩散电极，一种透气不透液、具有良好导电性和催化活性的薄膜。常见的空气电极薄膜一般由防水透气膜、集流网和催化膜三层压制而成。防水透气膜主要是按照一定比例把导电材料(碳黑或乙炔黑或它们的混合物)和造孔剂(硫酸钠、草酸铵、碳酸氢铵等)用分散剂(乙醇)混合均匀，再加入黏结剂(聚四氟乙烯)不断搅拌使之分散均匀，经凝聚后辊压而成；集流网可以是镍丝编织网、镍箔冲拉网、铜材编织网、铜材冲拉网或镀银铜网等；而催化膜主要是将催化剂(二氧化锰)、活性炭和硫酸钠用乙醇混合均匀后加入聚四氟乙烯乳液(加有少量亲水性纤维素)不断搅拌，待之分散均匀，经凝聚后辊压而成。常见的空气电极一般为集流网嵌入型，即按照防水透气膜、集流网和催化膜的顺序压制成型。

正极活性物质是来源于空气中的氧气。来自空气的氧气首先溶解在电解液中，然后扩散吸附到空气电极的催化膜上，在催化剂的催化作用下于"气、液、固"三相界面发生还原反应生成 OH^-。生成的 OH^- 再扩散到锌负极与锌发生反应。

(2) 负电极。负电极活性物质是金属锌或者锌合金(比如 Zn 与 Ga、In、Pb、Bi、Sn 等一种或多种元素的合金)的粉末或小颗粒。现在一般把锌粉或锌合金粉与适量凝胶剂(交联的羧甲基纤维素、交联的聚丙烯酸、聚丙烯酸的钾盐和钠盐等)混合均匀后，加入 25%～35% 带氧化锌的氢氧化钾电解液以及其他一些添加剂等调制成锌膏，然后把锌膏和阳极电流集流体黏结成负极。

(3) 隔膜。正极和负极之间必须放置一层绝缘的聚合物多孔隔膜以防止电池正负极发生短路。选用的隔膜材料可以是聚烯烃、聚酰胺(如尼龙)、碳氟型树脂、玻璃纸、过滤纸等中的一种材料或多种材料的复合物。

(4) 电解液。锌空气电池中所用的电解液是氢氧化钠、氢氧化钾碱性溶液，一般采用的是饱和的氢氧化钾的水溶液，溶液中含有减缓锌腐蚀的无机缓蚀剂或有机缓蚀剂。

2. 锌空气电池基本原理

锌空气电池以空气中的氧作为正极活性物质，金属锌或锌合金作为负极活性物质，多孔活性炭作为正极,铂或其他材料作为催化剂,使用碱性电解质。氧气经多孔电极扩散层扩散到达催化层,在催化剂微团表面的三相界面处与水发生反应,吸收电子,生成 OH^-,阳极的锌与电解液中的 OH^- 发生电化学反应,生成 ZnO 和 H_2O,并释放出电子,电子被集成电层收集起来,在外电路中产生电流,如图 2-2-20 所示。

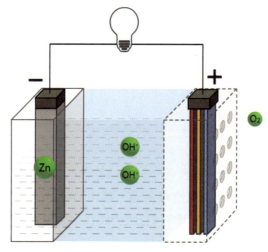

锌空气电池工作原理

图 2-2-20 锌空气电池工作原理

电池工作的化学反应式如下:

负极反应式:

$$Zn + 2OH^- \longrightarrow ZnO + H_2O + 2e^-$$

正极反应式:

$$\frac{1}{2}O_2 + H_2O + 2e^- \longrightarrow 2OH^-$$

总电池反应式:

$$Zn + \frac{1}{2}O_2 \longrightarrow ZnO$$

锌在电池介质中与空气中的氧发生氧化反应,产生电流供给外电路。锌空气电池阳极反应是锌的氧化反应,阴极反应是氧气的还原反应,其阴极反应与氢燃料电池中的阳极反应过程相同。因此,锌空气电池也可看作燃料电池的一种,称为金属燃料电池。在放电过程中,氧气在三相面上被电化学还原成氢氧根离子,发生正极反应式的电化学反应。

3. 锌空气电池特点

(1) 锌空气电池的优点。

① 容量大。空气电极的活性物质氧气来自周围的空气,材料不占用电池空间,在相同体积、重量的情况下,锌空气电池储存了更多的反应原料,因而容量就会高出很多。

② 能量密度高。锌空气电池的能量密度理论可达 1 350 W·h/kg,目前研制成功的锌空气电池比能量已经可以达到 200 W·h/kg 以上,是铅酸电池的 5 倍。

③ 价格低廉。阴极活性物质氧气来自空气,除了空气催化电极之外,不需要任何高成本组件;阳极活性物质锌来源充足,资源丰富,价格便宜,并且锌可回收利用,价格可进一步降低。

④ 储存寿命好。锌空气电池在储存过程中均采用密封措施,将电池的空气孔与外界隔绝,因而电池的容量损失极小,储存寿命好。

⑤ 绿色环保。锌空气金属燃料电池负极物质放电完毕后变成氧化锌,可通过电解还原成锌。在使用完毕后,正负极物质容易分离,便于集中回收。由于锌空气金属燃料电池内无有害物质,不会造成环境污染。

(2) 锌空气电池的缺点。

① 防止电解液中水分的蒸发或电解液的吸潮。

② 避免锌电极的直接氧化。

③ 防止锌枝晶的生长。

④ 提高空气电极催化剂活性。

⑤ 控制电解液的碳酸化。

⑥ 解决电池的发热和温升问题。

4. 锌空气电池应用

1995 年,以色列电燃料(Electric Fuel)有限公司首次将锌空气电池用于电动汽车(Electric Vehide,EV)上,使得锌空气电池进入了实用化阶段。

美国 Dreisback Electromotive 公司开发的锌空气电池已在公共汽车和总重 9 t 的货车上使用,公共汽车可连续行驶 10 h 左右,货车最大续驶里程达 113 km。

德国奔驰汽车公司的 MB410 型电动厢式车,标准总质量为 4 000 kg,采用 150 kW·h 的锌空气电池。该车从德国的不来梅到波恩,最高车速达到 120 km/h,一次充电后可走完 425 km 的路程。

瑞典斯德哥尔摩市的电动车、电动客车和电动服务车辆采用大的锌空气电池,续驶里程为 350~425 km。

(四) 飞轮电池

飞轮电池也称为超高速飞轮储能电池或飞轮储能器,具有比能量高、比功率高、电能和机械能之间的转化效率高、性能价格比好、能快速充电、可实现免维护等特点,超高速飞轮在电动汽车、航空航天、电网调峰、风力发电系统的不间断供电及军事等领域有着广泛的应用前景。这里主要介绍飞轮电池的组成、原理、特点及应用。

1. 飞轮电池基本组成

飞轮电池利用超高速旋转的飞轮储存能量,并通过电能量转换装置实现机械能和电能的相互转换。飞轮电池主要由转子(飞轮)、电动机/发电机、真空容器、磁悬浮轴承、轴、辅助轴承、电力电子装置(电子控制电路)及输入输出设备和外壳等组成,如图 2-2-21 所示。

图 2-2-21 飞轮电池结构

(1) 转子(飞轮)。飞轮是飞轮电池的核心部件,它直接决定了整个装置的储能多少。飞轮在工作时转速非常高,其形状通常采用等应力原则进行设计,即飞轮转子的每一部分都具有相等的应力。因此,飞轮厚度应且必须伴随着转子半径的增加而递减,而且要求飞轮转子的材料绝对均匀和平衡,且必须有非常好的动平衡精度。可用作超高速飞轮转子的复合材料有 E 型玻璃、环氧石墨、S 型玻璃、环氧 B 纤维等。

(2) 电动机/发电机。飞轮电池中有一个内置电机,它既是电动机也是发电机。在充电时,它作为电动机给飞轮加速;当放电时,它又作为发电机给外设供电,此时飞轮的转速不断下降;而当飞轮空闲运转时,整个装置则以最小损耗运行。由于电机转速高,运转速度范围大,且工作在真空之中,散热条件差,所以对电机的工作性能要求非常高。现在常用的电机有永磁无刷电机、三相无刷直流电机、磁阻电机和感应电机等。其中以永磁无刷直/交流电机应用居多。

(3) 磁悬浮轴承。为了减少损耗,延长使用寿命,超高速飞轮的轴承多采用非机械接触式,常用的有超导磁悬浮、电磁悬浮、永磁悬浮等支承方式。磁悬浮轴承技术具有以下特点:①非接触,没有磨损,寿命长且工作性能不变;②无需润滑,不需要润滑介质,故不用泵、管道、过滤器和密封件等,也不会因润滑剂泄漏而污染环境,并且能在极低温或高温($-253 \sim 450$℃)等特殊环境下工作;③磁悬浮飞轮的转速只受转子离心力的限制,圆周转速高,因此转子角动量与质量比可以较大提高,从而减小了飞轮质量。

(4) 真空容器。飞轮电池的真空容器是为减小飞轮电池在超高速运转条件下转动时空气涡流对转子运动的影响,因此现代高速飞轮电池是在高度密封的环境中运转的,其真空容器的真空度为 $10^{-3} \sim 10^4$ Pa。

(5) 电力电子装置。电力电子装置相当于飞轮电池的外设转换电路,它可以将外电路提供的电能供给电机;也可以将飞轮电池产生的电能传递给外电路。电力电子装置通常是由 FET 或 IGBT 组成的双向逆变器,它们决定了飞轮储能装置能量输入输出量的大小,而与储能装置外接负载的性质无关。当外设通过电力电子装置给电机供电时,电机就作为电动机使用,它的作用是给飞轮加速,储存能量;当负载需要电能时,飞轮给电机施加转矩,电机又作为发电机使用,通过电力电子装置给外设供电。

2. 飞轮电池基本原理

飞轮电池将外界输入的电能通过电动机转化为飞轮转动的动能储存起来,当外界需要电能的时候,又通过发电机将飞轮的动能转化为电能,输出到外部负载,要求空闲运转时候损耗非常小。

具体的工作原理如下:充电时,飞轮电池中的电机以电动机形式运转,在外电源的驱动下,电带动飞轮高速旋转,即用电给飞轮电池"充电",增加飞轮的转速;放电时,电机则以发电机状态运转,在飞轮的带动下对外输出电能,完成机械能(动能)到电能的转换,如图2-2-22所示。

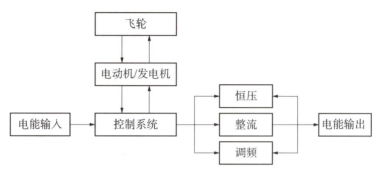

图 2-2-22 飞轮电池的工作原理

飞轮电池工作原理

飞轮电池储能是基于飞轮以一定角速度旋转时,可以存储动能的基本原理。飞轮作为储能的核心部件,储能量 E 由以下公式决定:

$$E = \frac{1}{2}j\omega^2$$

式中:j——飞轮的转动惯量,与飞轮的形状和重量有关;ω——飞轮转动的角速度。

3. 飞轮电池特点

(1) 飞轮电池的优点。

① 能量密度高。储能密度可达 100~200 W·h/kg,功率密度可达 5 000~10 000 W/kg。

② 能量转换率高,对环境温度没有严格要求。工作效率高达 90%。

③ 工作温度范围宽。对环境温度没有严格要求。其他类型电池均存在一定工作电压范围的限制。

④ 使用寿命长。不受重复深度放电影响,能够循环几百万次运行,预期使用寿命可达 20 年以上。其他类型电池的使用寿命最多可达 10 年。

⑤ 低损耗、低维护。磁悬浮轴承和真空环境使机械损耗可以被忽略,系统维护周期长。

(2) 飞轮电池的缺点。

① 因为飞轮实际转速可达 40 000~50 000 r/min,一般金属制成的飞轮无法承受这样高的转速,容易解体,所以飞轮一般都采用碳纤维制成,而制造飞轮的碳纤维材料目前成本比较高。

② 飞轮一旦充电,就会不停转动下去,浪费能量。

4. 飞轮电池应用

飞轮电池主要应用在交通运输领域、航空航天领域、电动汽车领域等,这里主要介绍飞轮电池在电动汽车领域的应用。

保时捷911 GT3采用机电飞轮代替蓄电池为能源,如图2-2-23所示。该系统包括一台连接有电动机/发电机的电动飞轮。飞轮最高转速可达40000 r/min。

①电能控制;②左右前轮轴电动机;③高压电线;④电控飞轮电池;⑤电能控制器

图2-2-23 保时捷911 GT3采用飞轮电池储能

沃尔沃在赛车上应用的动能回收系统(kinetic energy recovery systems,KERS)采用的就是机械飞轮储能结构,如图2-2-24和图2-2-25所示,将来自车身的动能储存在由一个重量6 kg、直径20 cm的碳纤维组成飞轮模块中,需要释放时,其通过CVT变速模块将能量传递至后桥直接驱动车轮。

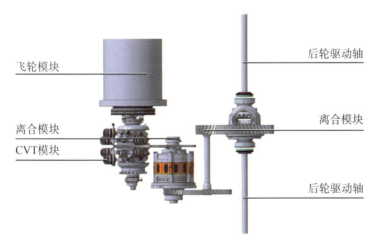

图2-2-24 机械飞轮储能结构的组成　　图2-2-25 飞轮式KERS本体

(五) 超级电容

超级电容器,简称超级电容,又叫双层电容器(electrical double-layer capacitor),是一种通过极化电解质来储能的电化学元件,但在储能的过程中并不发生化学反应。其储能过程是可逆的,可以反复充放电数十万次。这里主要介绍超级电容器的组成、原理、特点及应用。

1. 超级电容基本组成

超级电容器是由两个彼此绝缘的平板型金属电容板组成的,在两块电容板之间用绝缘材料隔开。超级电容器主要由多孔电极、引出电极(集电极)、隔膜(离子渗透膜)、电解液和外壳等组成,如图2-2-26所示。电极材料与集电极之间要紧密相连,以减小接触电阻;隔膜应满足具有尽可能高的离子电导和尽可能低的电子电导的条件,一般为纤维结构的电子绝缘材料,如聚丙烯膜;电解液的类型根据电极材料的性质进行选择。

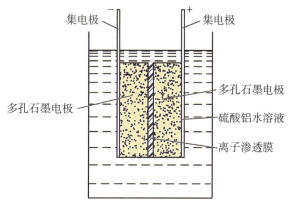

图2-2-26 超级电容器的结构

认识超级电容器

2. 超级电容基本原理

超级电容器与普通电容器一样,具有存储电能和释放电能的作用。当电容器放电时,电压降低,电场能量减小,电容器释放能量,可释放能量的最大值为 E。当电容元件充电时,电容元件上的电压升高,电场能量增大,电容器从电源上获得电能,电容器存储的能量 E 由下列公式决定:

$$E = \frac{CU^2}{d}$$

式中:U——外加电压(V)。

当外加电压加到超级电容器的两个极板上时,与普通电容器一样,极板的正极板存储正电荷、负极板存储负电荷。在超级电容器的两极板上电荷 q 产生的电场作用下,电解液与电极间的界面上形成相反的电荷,以平衡电解液的内电场。这种正电荷与负电荷在两个不同相之间的接触面上,以正负极之间极端间隙排列在相反的位置上,这个电荷分布层叫作双电层,因此电容量非常大。

超级电容器具体的工作原理为:充电时,电子通过外加电源从正极流向负极,同时,正负离子从液体中分离并分别移动到电极表面,形成双电层;充电结束后,电极上的正负电荷与

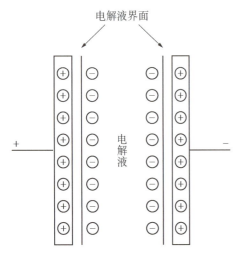

图 2-2-27 超级电容器工作原理

溶液中相反电荷离子相吸引而使双电层稳定,在正负极间产生相对稳定的电位差,如图 2-2-27 所示。在放电时,电子通过负载从负极流到正极,在外电路中产生电流,正负离子从电极表面被释放进入液体,呈电中性。超级电容器的充放电过程始终是物理过程,没有化学反应,因此性能更加稳定。

3. 超级电容特点

(1) 超级电容优点。

① 输出功率密度高。

② 极长的充放电循环寿命。

③ 非常短的充电时间。

④ 妥善解决了储能设备高比功率和高比能量输出之间的矛盾。

⑤ 储存寿命极长。

⑥ 高可靠性。

⑦ 工作温度范围宽。

(2) 超级电容缺点。

① 线性放电。

② 低能量密度。

③ 低电压。

④ 高自放电。

⑤ 价格高。

4. 超级电容电池应用

超级电容器由于具有比功率高、循环寿命长、充放电时间短等优势,已成为理想的电动车的电源之一。目前,世界各国争相研究超级电容器,并越来越多地将其应用到电动车辆上。

日本本田的 FCX 燃料电池-超级电容混合动力汽车是世界上最早实现商品化的燃料电池轿车,该车已于 2002 年在日本和美国加利福尼亚州上市。

国内以超级电容器为储能系统的电动汽车的研究取得了一系列成果。2004 年 7 月,我国首部"电容蓄能变频驱动式无轨电车"在上海张江投入试运行。2010 年上海世博会期间,在世博园内也运行了采用超级电容器驱动的电动客车,如图 2-2-28 所示。

图 2-2-28 上海世博会上采用超级电容器的电动客车

(六) 燃料电池

燃料电池是一种新型发电技术，是继水力、火力和核能发电之后的第四类发电技术。这里以质子交换膜燃料电池为例介绍燃料电池的组成、原理、特点及应用。

1. 燃料电池基本组成

质子交换膜燃料电池(proton exchange membrane fuel cell，PEMFC)是一种燃料电池，在原理上相当于水电解的"逆"装置。质子交换膜燃料电池的单体电池主要由阳极、阴极、质子交换膜、阳极催化层、阴极催化层和集流体等组成，如图2-2-29所示。阳极为氢燃料发生氧化的场所；阴极为氧化剂还原的场所；两极都含有加速电极电化学反应的催化剂；质子交换膜作为传递 H^+ 的介质，只允许 H^+ 通过，而 H_2 失去的电子则从导线通过；集流板的主要作用是向电极输送反应物气体。工作时相当于一直流电源，阳极即电源负极，阴极即电源正极。

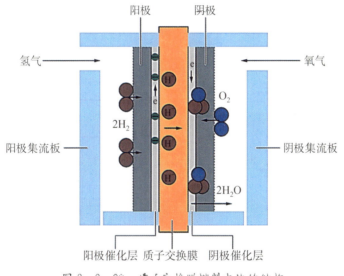

图2-2-29 质子交换膜燃料电池的结构

(1) 电极。燃料电池的阴极和阳极统称为电极。电极的材料为聚四氟乙烯(PTFE)，又称特氟纶(Teflon)，并且在其表面涂有200～300 μm 厚的碳，其上有孔，允许燃料和氧化剂气体通过小孔进行扩散和水的通过，碳层用于收集电子并为其通过提供通路。

(2) 催化层。在电极和膜之间有一个很薄的催化剂层，该层由非常精细的铂粒(Pt)与大量的碳粒组成，并且加入少量的聚四氟乙烯(PTFE)直接涂在电极表面。这种结构使反应物与催化剂之间有最大的接触面积，而且由于特氟纶存在，能将水排出到电极气体通道。质子交换膜燃料电池(PEMFC)通常采用氢气和氧气(或空气)作为反应气体。为了加快电化学反应速率，气体扩散电极上都含有催化剂。电极催化剂包括阴极催化剂和阳极催化剂两类。

(3) 质子交换膜。质子交换膜是PEMFC的关键部分，它能起到分隔燃料和氧化剂、传导质子和绝缘电子的作用，其性能和寿命直接决定电池的性能和寿命。

(4) 集流体。质子交换膜燃料电池(PEMFC)的集流板位于最外层，其上开有槽，它的主要作用是向电极输送反应物气体,同时在"电池堆"中将各个电池连接起来,具有导电性好、力学强度高、适合自动化生产、成本低、抗腐蚀能力强、不允许反应物气体的渗透等特性。

2. 燃料电池基本原理

燃料电池工作原理

质子交换膜燃料电池(PEMFC)通常采用氢气和氧气(或空气)作为反应气体。为了加快电化学反应速率,气体扩散电极上都含有催化剂。电极催化剂包括阴极催化剂和阳极催化剂两类。

它能将储存燃料(H_2)和氧化剂(O_2)中的化学能转变成电能,只要不断地供给燃料和氧化剂,它就能不断地输出电能。图2-2-30是PEMFC工作原理示意图,图2-2-31是PEMFC电极反应示意图。

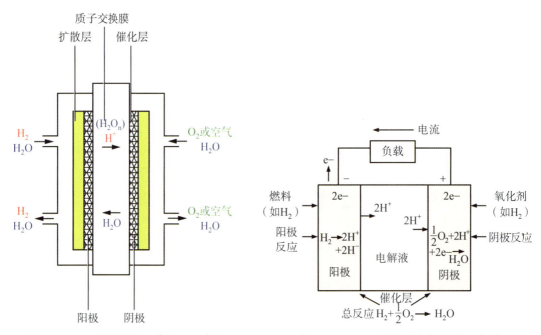

图2-2-30 PEMFC工作原理示意图   图2-2-31 PEMFC电极反应示意图

燃料与空气被分别送进燃料电池,在其两极产生电动势,若将外电路连接起来就产生电流。燃料电池与传统的电池一样有正、负电极,正、负电极板被电解液(质子交换膜内含电解液)分开。为了加快化学反应的速率,正、负电极板上附有催化剂,以促进化学反应进行。氢气通过双极板上的导气通道到达电池的阳极,通过电极上的扩散层到达质子交换膜,在阳极催化剂的作用下解离为2个氢离子,即质子,并且释放出2个电子。

阳极反应:$H_2 \longrightarrow 2H^+ + 2e^-$

在电池的另一端,氧气或空气通过双极板上的导气通道到达电池的阴极,通过电极上的扩散层到达质子交换膜。同时,氢离子与电解质膜发生质子交换产生的氢离子到达阴极,电子通过外电路也到达阴极。在阴极催化剂的作用下,氧与氧离子和电子发生反应生成水。

阴极反应:$\frac{1}{2}O_2 + 2H^+ + 2e^- \longrightarrow H_2O$

总的化学反应：$\frac{1}{2}O_2 + H_2 \longrightarrow H_2O$

与此同时，电子在外电路中形成电流，通过适当连接可以向负载输出电能，生成的水通过电极随反应尾气排出。

通常单个 PEMFC 的输出电压很低，只有 0.7 V 左右，为了满足需要，实际应用中都是将多个 PEMFC 串联或并联连在一起组成电池堆使用。

3. 燃料电池特点

（1）燃料电池的优点。

① 能量转换效率高。

② 无环境污染。

③ 使用寿命长。

④ 燃料多样。

⑤ 比能量高。

（2）燃料电池的不足。

① 造价偏高。

② 反应/起动性能仍需提高。

③ 碳氢燃料无法直接利用。

④ 氢气储存技术。

⑤ 氢燃料基础建设不足。

4. 燃料电池应用

燃料电池按所用原始燃料的类型，大致分为氢燃料电池、甲烷燃料电池、甲醇燃料电池和汽油燃料电池。这里主要介绍氢燃料电池的应用。

壳牌氢气公司与通用公司合作，于 2005 年初在北美华盛顿现有一零售汽油加油站投用了第一个充氢站，采用了空气产品和化学品公司 200 系列液氢充装技术。

2014 年，现代的 Tucson FCV 和丰田的 Mirai 这两款氢燃料电池车型实现量产并推向市场，2014 年因此被认为是燃料电池汽车商业化元年。

2017 年，奔驰推出世界首款插电式燃料电池技术量产车 GLCF Cell EQ Power，续航里程达 483 km。

2022 年北京冬奥会示范运行超 1000 辆氢燃料电池汽车，全国氢燃料电池汽车保有量超 10 000 辆。当前我国五大燃料电池汽车示范城市群建设加快推进，核心技术不断突破，氢能产业链逐步完善。一系列利好之下，国内燃料电池汽车交付、投运迎来密集期。不过值得注意的是，氢能产业尚处于起步阶段，还须从基础设施建设等多方面发力。

本任务介绍了锂离子动力电池的分类、三元锂电池的组成与基本原理、磷酸铁锂电池的

组成与基本原理及其他类型动力电池的组成与基本原理等。

锂离子电池是指以锂合金金属氧化物为正极材料、石墨为负极材料,工作时锂离子能可逆地在正负极之间嵌入与脱嵌的二次电池。

三元锂电池,也称为三元聚合物锂电池,是指正极使用三元材料制造的锂电池。常见的三元锂电池是指正极材料使用镍钴锰酸锂和镍钴铝酸锂的三元正极材料的锂电池。三元锂电池在工作过程中,Li^+可逆地在两个电极之间反复嵌入与脱嵌,充电过程中,电流从外部电源正极,经三元锂电池内部,流向外部电源负极。正极失去电子发生氧化反应,负极得到电子发生还原反应。放电过程中,电流从三元锂电池正极流出,经负载回到三元锂电池负极。负极失去电子发生氧化反应,正极得到电子发生还原反应。

磷酸铁锂电池的全名是磷酸铁锂锂离子电池,简称为磷酸铁锂电池。磷酸铁锂电池充电过程中,电流从外部电源正极经磷酸铁锂电池内部流向外部电源负极,正极失去电子发生氧化反应,负极得到电子发生还原反应。放电过程中,电流从电池正极流出,经负载回到电池负极,负极失去电子发生氧化反应,正极得到电子发生还原反应。

一、判断题

1. 锂离子电池是指以锂合金金属氧化物为正极材料、石墨为负极材料,工作时锂离子能可逆地在正负极之间嵌入与脱嵌的二次电池。( )
2. 锂离子动力电池的单体电池根据结构不同有方形电池和圆柱形电池。( )
3. 三元锂电池,也称为三元聚合物锂电池,是指负极使用三元材料制造的锂电池。( )
4. 隔膜是一层多孔的薄膜,会影响锂离子通过薄膜。( )
5. 嵌入型负极材料锂离子电池负极材料有十多种。( )
6. 三元锂电池充电过程中,正极得到电子发生还原反应。( )
7. 磷酸铁锂电池的正极材料是橄榄石型磷酸铁锂,具有安全性高、循环寿命长、原料来源丰富、价格低廉和绿色环保等优点。( )
8. 锌空气电池结构主要由正电极(空气电极)、负电极、电解液和隔膜等组成。( )
9. 首次将锌空气电池用于 EV 上,使得锌空气电池进入了实用化阶段的国家是美国。
( )

二、选择题

1. 下列哪种电池是发展历史最悠久的电池?( )【单选题】
   A. 铅酸电池　　　　　　　　　　　B. 镍氢电池
   C. 锌空气电池　　　　　　　　　　D. 锂离子电池
2. 镍氢电池的电解液多采用( )。【单选题】

A. 硫酸 B. 硫酸铝
C. 氢氧化钠 D. 氢氧化钾

3. 日产公司的 Leaf 采用了(　　)系统。【单选题】
   A. 飞轮动力电池 B. 镍氢动力电池
   C. 燃料动力电池 D. 锂离子动力电池

4. 美国通用汽车公司(GM)的电动汽车 EV-1 采用(　　)作为电源。【单选题】
   A. 铅酸电池 B. 镍氢电池
   C. 锌空气电池 D. 锂离子电池

5. 根据锂离子电池电解质材料不同,锂离子电池可分为(　　)。【多选题】
   A. 液态锂离子电池 B. 干态锂离子电池
   C. 胶态锂离子电池 D. 聚合物锂离子电池

6. 三元复合正极材料是以(　　)为原料。【多选题】
   A. 铁盐 B. 镍盐
   C. 钴盐 D. 锰盐

7. 根据锂离子电池负极材料不同,锂离子电池可分为(　　)。【多选题】
   A. 嵌入型负极材料锂离子电池 B. 合金化型负极材料锂离子电池
   C. 转化型负极材料锂离子电池 D. 钛酸锂负极材料锂离子电池

8. 根据锂离子电池正极所用材料不同,可以分为(　　)。【多选题】
   A. 磷酸铁锂($LiFePO_4$)电池 B. 锰酸锂($LiMn_2O_4$)电池
   C. 钴酸锂($LiCoO_2$)电池 D. 三元锂电池

三、简答题

1. 请简述三元锂电池的工作原理,并写出其正负极反应方程式。
2. 请简述磷酸铁锂电池的工作原理。

任务 3　动力电池包基本结构与原理

 任务目标

1. 掌握动力电池包的基本组成。
2. 了解动力电池包形成方式。
3. 理解动力电池包形成过程。
4. 掌握动力电池电量计算方式。
5. 掌握动力电池包基本原理。
6. 理解动力电池包主要部件检测。

 任务导入

某职业院校新能源汽车技术专业的学生,通过前面的学习了解到单体电池是动力电池包的基本单元。现班级学生对动力电池包内部结构产生了争议,一部分同学认为动力电池包内单体电池之间是并联关系,还有一部分同学认为动力电池包内单体电池之间是串联关系。请学习动力电池包基本结构与原理相关知识,掌握动力电池包内单体电池相互之间的关系,以及形成不同动力电池包的特点。

 知识储备

动力电池包是从外部获取存储电能,并对外输出电能的单元。在各类新能源汽车中都使用动力电池包,虽然各类新能源汽车上的动力电池包的大小、结构和形状不完全相同,但其组成基本相同。

一、动力电池包基本组成

动力电池包主要由单体电池或电池模组、电池箱体、电池热管理组件、高压盒、高低压连接线束、电池管理系统组件等组成。其中,电池模组由单体电池串并联而成。

(一) 单体电池结构

单体电池,又称为"单体电芯",是电池系统的最小储能单元,是一个基本的电

认识动力
电池包

化学的能源储存装置。构型方式有圆柱形、方形和软包三种,这三种构型都有各自的优势。在单体电池能量密度方面,理论上是软包电池最好,方形电池次之,圆柱形电池最小,各自详细特点见表2-3-1。

表2-3-1 不同构型的电池特点

单体电池形状	圆柱形	方形	软包
优点	工艺成熟度高,生产效率高、过程控制严格,成品率及单体电池一致性高。壳体结构成熟,工艺制造成本低	对单体电池的保护作用高,可以通过减少单体电池的厚度保证内部热量的快速传导,单体电池的安全性能有较大的改善	外部结构对单体电池的影响小,单体电池性能优良;封装采用的材质质量要求小,单体电池的能量密度最高
缺点	集流体上电流密度分布不均,会造成内部各部分反应程度不一致;单体电池内部产生的热量很难快速释放,累积造成单体电池的安全隐患	壳体在单体电池总重中所占的比重较大,会导致单体电池的能量密度较低,内部结构复杂,自动化工艺成熟度相对较低	大容量单体电池密封工艺难度增加,可靠性相对较差;所采用的铝塑复合封装膜力学强度低,铝塑复合膜的寿命制约了蓄电池的使用寿命

单体电池的外形虽不相同,但是其主要组成相同,都是由电极、电解质、隔膜和外壳组成的,如图2-3-1所示。

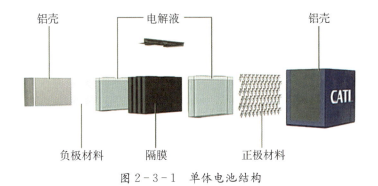

图2-3-1 单体电池结构

1. 电极

在单体电池中电极一般指与电解质溶液发生氧化还原反应的位置。电极有正负之分,一般正极为阴极,获得电子,发生还原反应;负极则为阳极,失去电子发生氧化反应。电极可以是金属或非金属,只要能够与电解质溶液交换电子,即成为电极。

(1)电池正极。单体电池正极主要由正极材料、导电剂、黏结剂(PVDF)和集流体(铝箔)组成。

① 正极材料。不同类型的电池,正极材料不同,锂电池是目前新能源汽车选用最多的电池类型,本任务以锂电池为主进行讲解。

锂电池的正极材料常采用能使锂离子较为容易地嵌入和脱出并能同时保持结构稳定的过渡金属氧化物。在充、放电循环过程中,锂离子会在金属氧化物的电极上进行反复的嵌入和脱出反应。作为嵌入式电极材料的金属氧化物,依其空间结构不同可分为以下三种类型。

一是层状化合物。层状正极材料中目前研究比较成熟的是钴酸锂($LiCoO_2$)、镍酸锂($LiNiO_2$)和镍钴锰酸锂[$Li(NiCoMn)O_2$]三元锂电池,这三类材料中三元锂电池综合性能比较好。目前在新能源汽车应用广泛的是镍钴锰或铝酸锂[$Li(NiCoMn)O_2$]三元锂电池。镍、钴、锰三种元素的不同配置将为材料带来不同的性能:镍含量增加将增加材料的容量,但会使循环性能变差;钴的存在可使材料结构更加稳定,但含量过高会使容量降低;锰的存在可以降低成本并改善安全性能,但含量过高则会破坏材料的层状结构。目前出现的电池中镍、钴、锰三种材料的比例有333(镍、钴、锰比例为1∶1∶1)、523(镍、钴、锰比例为5∶2∶3)、622(镍、钴、锰比例为6∶2∶2)、811(镍、钴、锰比例为8∶1∶1),甚至即将出现无钴电池。镍钴铝(NCA)则是将其中的锰元素用铝元素来替代,一定程度上改善材料的结构稳定性,但其铝含量较少,可近似看成是一种二元材料。

二是尖晶石型结构。锰酸锂($LiMn_2O_4$)是尖晶石型嵌锂化合物的典型代表。锰元素含量丰富,价格便宜,毒性远小于过渡金属钴、镍等,主要缺点是电极的循环容量容易迅速衰减。

三是橄榄石型结构。磷酸铁锂($LiFePO_4$)在自然界以磷酸铁锂矿的形式存在,属于橄榄石型结构。磷酸铁锂实际最大放电容量高达 165 mA·h/g,非常接近理论容量,工作电压在 3.2 V 左右,并且磷酸铁锂中的强共价键作用使其在充放电过程中能保持晶体结构的高度稳定性,因此具有比其他正极材料更高的安全性能和更长的循环寿命。另外磷酸铁锂具有原材料来源广泛、价格低廉、无环境污染、比容量高等优点。

② 导电剂。导电剂用来提高正极材料的导电性,补偿正极活性物质的电子导电性;提高正极片的电解液的吸液量,增加反应界面,减少极化。

③ 黏接剂(PVDF)。用于将钴酸锂、导电剂和铝箔或铝网黏接在一起。

④ 集流体。集流体也称为"正极引线",由铝箔或铝带制成。其主要负责电子传输、离子传输、在电解液/电极颗粒界面发生电荷交换(化学反应)、固相内锂离子的扩散。

知识拓展

为什么正极的集流体要选择铝箔呢?

这要从铝箔的特性说起。

第一,铝箔导电性好,质地软,价格便宜。锂离子电池是一种将化学能转化为电能的电化学装置,在这个过程中,需要一种介质把化学能转化的电能传递出来,这就需要导电的材料。在普通材料中,金属材料是导电性最好的材料,而在金属材料里价格便宜导电性又好的就是铜箔和铝箔。在锂离子电池中,主要有卷绕和叠片两种加工方式。相对于卷绕来说,需要用于制备电池的极片具有一定的柔软性,这样才能保证极片在卷绕时不发生脆断等问题,而在金属材料中,铜铝箔也是质地较软的金属。考虑电池制备成本,相对来说,铜铝箔价格相对便宜,世界上铜和铝元素资源丰富。

第二,铝箔在空气中也相对比较稳定。铝很容易跟空气中的氧气发生化学反应,在铝表面生成一层致密的氧化膜,阻止铝的进一步反应,这层很薄的氧化膜在电解液中对铝也有一定的保护作用。

第三,金属铝的晶格八面体空隙大小与(锂)Li大小相近,极易与(锂)Li形成金属间隙化合物。(锂)Li和(铝)Al不仅会形成化学式为LiAl的合金,还有可能形成Li_3Al_2或Li_4Al_3。金属(铝)Al与(锂)Li反应的高活泼性,使金属(铝)Al消耗了大量的(锂)Li,本身的结构和形态也遭到破坏,故不能作为锂离子电池负极的集流体;而(铜)Cu在电池充放电过程中,只有很小的嵌锂容量,并且保持了结构和电化学性能的稳定,可作为锂离子电池负极的集流体;铝箔在整个极化电位区间,极化电流较小,并且恒定,没有观察到明显腐蚀现象的发生,保持了电化学性能的稳定。由于在锂离子电池正极电位区间,(铝)Al的嵌锂容量较小,并且能够保持电化学稳定,适合作为锂离子电池的正极集流体。

(2)电池负极。电池负极是决定锂电池综合性能优劣的关键因素之一,比容量高、容量衰减率小、安全性能好是对电池负极的基本要求。电池负极构造由石墨材料、导电剂、增稠剂(CMC)、黏接剂(SBR)和集流体(铜箔)组成。

① 石墨材料。石墨材料是负极活性物质,同时也是构成负极反应的主要物质,主要分为天然石墨和人造石墨两大类。它易被非极性物质污染,易在非极性物质中分散;不易吸水,也不易在水中分散。被污染的石墨,在水中分散后,容易重新团聚。一般粒径D50为20 μm左右。颗粒形状多样且多不规则,主要有球形、片状、纤维状等。

② 导电剂。导电剂的作用是为了提高负极片的导电性,补偿负极活性物质的电子导电性;同时,提高反应深度及利用率;防止结晶的产生;还可以利用导电材料的吸液能力,提高反应界面,减少极化。

③ 增稠剂(CMC)。增稠剂也称为防沉淀剂,它是一种调和剂,用来调节电解质的稠度。

④ 黏接剂(SBR)。黏接剂(SBR)为水性黏接剂,负责将石墨、导电剂、添加剂和铜箔或铜网黏接在一起。

⑤ 集流体。集流体作用与正极集流体作用相同,也称为"负极引线",由铜箔或镍带制成。选用铜箔是因为其具有以下优点:一是铜箔与铝箔一样都是金属材料,因此同样具有导电性好、质地柔软、价格便宜的优点;二是铜在空气中比较稳定,在干燥的空气中基本不发生化学反应。

2. 电解质

电解质是单体电池中离子传输的载体,位于单体电池正负极之间,具有离子导电性的介质,它在电极发生反应时应具有较高的离子导电性,同时还必须对电子绝缘,以免在电池内部发生自放电。电解质的材料一般是液体、胶体或者固体,它可以是酸性的,也可以是碱性的,取决于电池的类型。

3. 隔膜

隔膜是单体电池的重要组成部分,它是隔离正、负极板的微孔材料,常见的材料有木质、微孔橡胶、微孔塑料、玻璃丝棉等。其功能是防止两极接触而发生短路,同时使电解质离子通过、储存及固定。

锂电池隔膜主要是以聚乙烯(PE)和聚丙烯(PP)为主的微孔聚烯烃隔膜,这类隔膜因其成本较低、力学性能良好、化学稳定性优异及电化学性能稳定等优点而被广泛应用于锂电池中。实际应用中,隔膜又分为单层 PP 或 PE 隔膜、双层 PE/PP 复合隔膜以及三层 PP/PE/PP 复合隔膜等。

锂离子电池隔膜的性能决定着电池的界面结构、内阻等,直接影响着电池的容量、循环以及电池的安全性能。

4. 壳体

壳体一般为钢壳或者铝壳,用来封装单体电池,保护裸单体电池。随着市场对能量密度追求的驱动以及生产工艺的进步,铝壳逐渐成为主流,壳体外部涂有绝缘层。

> **知识拓展**
>
> **单体电池及其附件**
>
> 在新能源汽车中使用的单体电池,除了具有电极、电解质、隔膜及壳体这些核心部件外,还包含其他附件。以某款单体电池为例,包含了顶贴片、顶盖、铝钉、塑料钉、顶支架、Cu 软连接、Al 软连接、绝缘膜、底托片、蓝膜等部分,如图 2-3-2 所示。

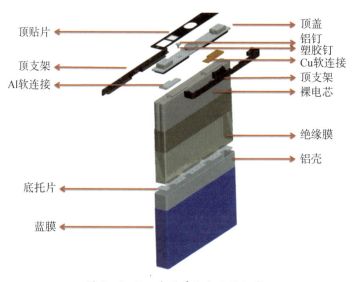

图 2-3-2 典型单体电池的组成

（1）顶贴片。动力电池组装完成后，通常还会在顶盖上贴覆顶贴片，一方面可以起到绝缘的作用，防止顶盖与外线路发生短接，另一方面可以起到保护的作用，以防止顶盖片的刮损。

（2）顶盖。顶盖最主要的作用是对单体电池进行封顶，其结构主要由顶盖板，正、负极柱，防爆装置，注液孔等组成，一般极柱部分包含翻转片装置（OSD）、电流切断结构（CID）和短路装置（Fuse）等。

（3）铝钉和塑胶钉。铝钉和塑胶钉用来固定单体电池，防止单体电池爆开。

（4）软连接。软连接是为了很好地连接极柱和内部单体电池而设计出的具有可塑性、稳定性、作用性的连接部件。如宁德电池使用的 Cu 软连接、Al 软连接。

（5）顶支架。在单体电池内部组装完成后，用来固定单体电池和支撑壳体，可以确保单体电池不凹陷。

（6）绝缘膜。裸单体电池外部贴有绝缘膜，作用是防止漏电。

（7）底托片。底托片用来承载单体电池，具有一定的绝缘性。

（8）蓝膜。蓝膜是一层绝缘膜，防止与电池模组中的其他电池串联。

（二）电池模组

电池模组（battery module）亦称为电池模块，是由几颗到数十颗电池单体经串、并联所组成的组合体，是介于单体电池与电池包之间的中间单元。一般电池模组是动力电池包内部的最小维修单元，当某一电池模组中单体电池故障时，需要维修或更换整个电池模组。

1. 电池模组组成

不同电池模组组成并不完全相同，但主要部件是相同的。电池模组主要由单体电池、电池采样线、单体电池固定支架、铜排、壳体组成，如图 2-3-3 所示。单体电池部分前置知识已经详细讲解，此处不再赘述。

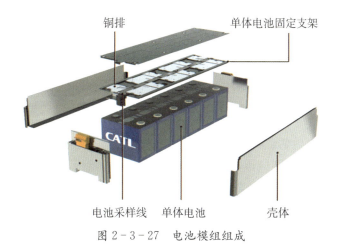

图 2-3-27　电池模组组成

动力电池模组认知

(1) 电池采样线。在电池模组中,有电压采样线和温度采样线两种线束。目前,电池模组上的采样线嵌在线束隔离板内,构成了线束隔离板组件。

① 电压采样线。电压采样线一端连接至各个单体电池,一端连接电池管理系统,负责输送单体电池的电压信号。连接方式是各个单体电池的电压采样线并联在一起。

② 温度采样线。温度采样线配套热敏电阻温度传感器使用,用以检测电池模组的工作温度。通常数个相邻的单体电池共用1个温度传感器,1个模组安装有2~3个温度传感器,其安装位置通常在模组顶端。

(2) 单体电池固定支架。单体电池固定支架作为关键机械结构件支撑固定模组内部的所有单体电池,一般焊接在箱体上。箱体的固定支架的设计要保证强度,电池模组支架的固定折边需要焊接加强筋,防止电池模组在箱体内部移动。

(3) 电池模组铜排。铜排又称铜母排或铜汇流排,是由铜材质制作的,截面为矩形或倒角(圆角)矩形的长导体(现在一般都用圆角铜排,以免产生尖端破坏绝缘层),在电路中起输送电流和连接电气设备的作用。铜排具有电阻率低、可折弯度大等优点。

(4) 电池模组壳体。电池模组壳体包含顶盖绝缘板、侧板、端板和底板。一般来说,底板需要承载电池模组的大部分重量,在设计时需考虑力学强度、密封设计、防腐蚀、轻量化等;顶盖绝缘板具有承载自身的强度和防护性能,在设计时确保满足安全要求和机械安全要求。侧板和端板需满足配合顶盖和底板固定电池的要求,同时材质以钣金和铝材板为主。

2. 电池模组组成方式

电池模组由多个单体电池串、并联而成,不同车型的电池模组的组成方式不同。

有部分车型中采用的电池模组组成方式是1P6S,即动力电池包内部的电池模组由6个单体电池串联组成。这种组成方式提高了电池模组的供电电压。

还有一部分车型采用的电池模组组成方式是2P4S,即动力电池包内部的电池模组由8个单体电池组成,具体组成方式为2个单体电池并联成一个单元,再将4个并联单元串联组成电池模组。这种组成方式通过2个单体电池并联提高了电池模组的容量和供电电流,并通过4个并联单元串联提高电池模组的电压。

除此之外,有部分纯电动汽车的动力电池包,内部是没有电池模组的,直接由单体电池串联形成动力电池包,如1P100S,即采用100个锂单体电池串联在一起组成了车辆的动力电池包。这种单体电池直接串联连接形成的动力电池包,当某一单体电池故障时,不能通过更换单体电池的方式进行维修,需要更换动力电池包或将动力电池包返厂维修。

(三) 动力电池组箱体

电池箱体是动力电池的载体,除了具有承载并保护动力电池组及其内部的电气元件的作用,基于动力电池的特性还应该具有帮助电池通风散热、绝缘与防水的作用。

1. 动力电池组箱体的性能要求

(1) 碰撞安全性要求。电池箱体在车辆发生碰撞时,应满足下列要求:①如果发生碰撞,电池模组或单体电池要保证其结构的完整性,即碰撞时防止动力电池箱体内电池模组或单体电池散落,更不允许甩出车外;②如果发生碰撞,电池组的过电流断开装置必须迅速切断连接,防止动力电池发生内部短路;③如果发生碰撞,电池的箱体的刚度要确保电池模组或单体电池产生的挤压变形量在一定的安全范围内。

(2) 绝缘与防水性能要求。纯电动汽车动力电池输出电压一般为200~700 V,动力电池箱体除容纳保护电池外,还要确保隔绝操作人员及乘员与动力电池组的接触;电池箱体必须密封防水,防止因进水而导致高压短路。

(3) 通风与散热性能要求。电动汽车长时间运行时,特别是在夏季高温天气持久高负荷快速行驶时,动力电池在放电的同时也会释放出大量热量;电动汽车在城市工况行驶时,循环的制动能量回收,也会伴随动力电池热量的释放;电动汽车进行快充时,更会产生巨大的热量。大量的热量聚集在电池箱体的内部不及时散发,可能导致热失控,严重时会起火爆炸。因此为确保动力电池的安全和使用寿命,电池箱体要具备良好的散热能力。

2. 动力电池组箱体的材质

相对于车体的其他部位而言,动力电池一般位于汽车底部,运行环境比较恶劣,箱体的材质必须起到防水防尘并且抵御道路环境对它的侵蚀的作用。动力电池箱体对材料的要求有高强度、轻量化以及优良的耐蚀性,目前所有的材料中碳纤维在这三方面具有极大的优势。

碳纤维强度比钢材高,对酸碱盐等化学物质有着很好的耐受能力,抗冲击吸振能力强,在遇到外界撞击时安全性较高。

除此之外,采用质轻高强的碳纤维复合材料制作电池箱体可以达到分担电池质量压力和保护电池模块的作用。

3. 动力电池箱体典型结构

动力电池箱体由上下箱体、支撑板、固定隔板及固定支架组成。

(1) 上下箱体。上下箱体的材料使用较成熟的有钣金、铝合金和复合材料。上箱体的作用是保护内部的单体电池和内部的元器件不发生损伤;下箱体也称为托盘,其作用是承载内部的单体电池,保证单体电池在受到碰撞或者工作时不会脱落。

(2) 支撑板。支撑板的作用是加强箱体内部挡板强度,主要用于电池箱壁和箱内之间,为焊接件。

(3) 固定隔板。隔板由钣金件折弯成形焊接在箱体内部,主要作用是防止电池模组在箱体内部移动,加强箱体强度;主要材质为汽车高强度钢,上面分布有散热孔与PCB板。

(4) 固定支架。当电池模组采用穿杆结构时,电池模组两端使用固定支架固定,固定支架焊接在箱体上。箱体固定支架的设计要保证强度,电池模组支架的固定要焊接加强筋,防止电池模组在箱体内部移动。

(四) 电池热管理组件

动力电池包内部的热管理组件主要是动力电池散热板(冷却管理)。动力电池散热板负责输送冷却液将动力电池包的温度控制在合理范围以内。它位于整个动力电池包内部,附在每个电池模组的一侧。动力电池散热板也是热管理系统的一部分。

动力电池散热板大多使用铝合金材料,动力电池散热板之间的连接管路采用尼龙管并用快接头连接。动力电池散热板与电池模组之间还铺设导热硅胶垫,导热硅胶垫具有良好的绝缘性能和高回弹韧性,能有效防止单体电池之间的振动摩擦破损问题和单体电池之间的短路隐患,是水冷方法的最佳辅助材料。在冷却液的输入输出端为圆形的冷却管道,冷却管道上装有冷却液温度传感器负责监控冷却液的温度。

(五)高压盒

动力电池包内的高压盒是动力电池包的监测和控制的集成体,主要由高压继电器、电流传感器、预充电阻等组成。在动力电池包中,高压继电器根据电池管理系统(BMS)的指令控制动力电池包高压电路的接通与断开,从而控制动力电池的放电与充电;电流传感器在动力电池包工作过程中监测动力电池包的输入和输出电流;预充电阻主要起分压限流的作用,防止过大的充电电流损坏单体电池或电气元件。需要注意的是,在部分车型里动力电池包内无高压盒,高压盒中的主要部件如高压继电器、电流传感器和预充电阻等部件直接分散布置在动力电池包内。这里以吉利几何C动力电池包内的高压盒为例介绍高压盒的组成,吉利几何C的高压盒内部有5个高压继电器、1个电流传感器和2个预充电阻,这里分别介绍高压继电器、电流传感器和预充电阻的相关内容。

继电器类型

1. 高压继电器

高压继电器也称为高压接触器,是一种电子控制器件,由控制系统(又称输入回路)和被控制系统(又称输出回路)组成,通常应用于自动控制电路中。它实际上是用较小电流去控制较大电流的一种"自动开关",故在电路中起着自动调节、安全保护、转换电路等作用。

高压继电器功能

高压继电器主要由线圈、铁心、衔铁、回位弹簧及动静触点组成,如图2-3-4所示。另外,当电源电压超过数十伏,开断电流在数十安以上时,触点在断开时会产生电弧。这种现象如果不加以控制就会烧损触点,进而产生更大的安全隐患。要解决这个问题通常需要加强灭弧能力,即在高压继电器的触点的周围会是一个密闭空间,这些空间里的固体绝缘材料,在电弧的高温作用下迅速汽化,产生大量

继电器工作原理

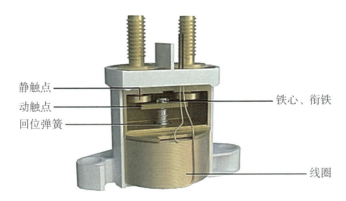

图2-3-4 高压继电器组成

主要成分为氢及其化合物的气体,这些气体具有冷却电弧的能力,成为不可或缺的灭弧装置。

当高压继电器线圈接通额定电压的直流电时,线圈产生磁场,吸引铁心动作,与铁心相连的常开触点闭合。当高压继电器线圈断电时,线圈失去磁场,在回位弹簧作用下触点断开。

高压继电器就是通过控制线圈的通/断电,实现触点的接通与断开,从而达到对设备的逻辑控制。

2. 电流传感器

电流传感器是动力电池包的电流检测装置,主要用于检测动力电池工作过程中的供电和充电电流,同时将检测内容送给电池管理单元(BMU),作为电池管理系统判定动力电池工作状态是否正常的依据之一。电流传感器有很多种,常用的电流传感器霍尔式电流传感器,它采样时不直接连接高压回路,也称为非接触式电流传感器,如图2-3-5所示。

图 2-3-5 电流传感器

电流传感器功能

动力电池包内电流传感器有些集成在高压盒内,有些则分布在动力电池包的合适位置。一般电流传感器检测点在高压主电路的正极继电器或负极继电器附近,通过检测主正电路或主负电路附近的电流大小,通过通信电路送给电池控制单元(BMU)。位于高压盒内部的电流传感器的位置如图2-3-6所示,这个传感器检测点为主负电路。

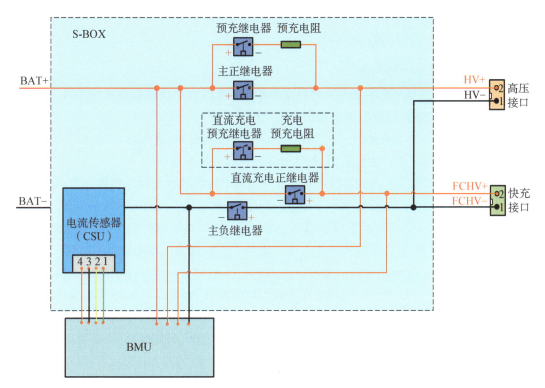

图 2-3-6 电流传感器位置

3. 预充电阻

预充电阻认知

预充电阻其实就是一个电阻,它可以串联在任意回路中起到分压降流的作用。新能源汽车高压电路一般都有预充电阻,它在高压电路接通时串联在电路中,以降低电路电流对动力电池、高压继电器等元件的负面影响。一般,预充电阻与预充继电器串联在一起构成预充回路,应用在新能源汽车的高压供电回路或高压充电回路中。这样,预充电阻可以限制电路电流,在高压电路接通时保护电路中的高压电容器、高压继电器等器件,防止出现高压电路直接接通,电路中瞬间电流过大,造成高压电容器被击穿损坏或高压继电器高压触点烧蚀、黏连等现象发生。

常见的预充电阻有PTC电阻、铝壳电阻、水泥电阻。PTC电阻的阻值随温度变化而变化,当温度上升时,PTC电阻值随之增加,其稳定性较差,所以这种类型的电阻应用较少;铝壳电阻封装用的是铝材料,散热性能好,电阻值不易发生变化,且体积小、功率大,新能源汽车应用较多;水泥电阻是一种绕线电阻,它是一种将电阻丝绕制在耐热瓷件上,再用耐火水泥将其封装在方形瓷器框内的电阻器,这种电阻具有耐湿、耐热及散热良好、价格低等特性,所以新能源汽车应用也较多。

在新能源汽车中预充电阻的阻值一般是几十到一百多欧姆,因此,在选择预充电阻时,除了要了解参数之外,还要了解其使用的工况环境。例如,高压电池电源输出电压、继电器的额定电流、母线电容值、起动时可能的最高环境温度、电阻的温升要求、电阻的安装结构和接线方式等方面。

(六) 高低压线束连接

动力电池包附件认知

1. 高压线束及连接

高压连接线束主要是指将各电池模组连接成高压回路的高压连接线。高压连接线也称为高压铜排,其外部一般采用橙色护套。

(1) 高压线束的组成。高压线束总成由高压铜排、连接器、防护材料(保温管、编制管)安装支架(或轧带)、密封胶圈、胶带、热缩管、标签等组成。

(2) 高压线束的特性。新能源汽车高压线束相较于传统的燃油汽车线束而言,其基本组成部分大致上是相同的。主要区别在于线束的绝缘性、耐压性以及自屏蔽性等方面。

① 耐压性。乘用车一般使用额定电压AC600 V/DC900 V;商用车一般使用额定电压AC1 000 V/DC1 500 V,其高压部件工作电流一般为250 A,部分大功率电机可达到400 A。

② 绝缘性。高压线束绝缘层应紧密包覆在导体上,且容易从导体上剥离而不损伤导体。绝缘层应通过浸水50 Hz的交流耐电压试验而不被击穿,同时应具有良好的耐高低温性、耐电弧性、耐漏电痕迹性。

③ 自屏蔽性。高压线束为避免自身产生的电磁干扰影响到其他部件,而采用带有屏蔽功能的线缆。

屏蔽层为镀锡铜编织网,其密度不小于85%,绝缘电阻大于500 Ω/V,耐电压DC2 500 V,工作温度范围为-40~125℃。

高压线束每个接口均采用屏蔽处理,前后电机接口处为屏蔽卡环与电气盒导轨压接,控制器及电池箱插件采用有屏蔽功能的结构件。

2. 低压线束及连接

动力电池包中的低压线束及连接器承载着模组通信、模组采样和电池管理系统(BMS)连接等功能。动力电池包低压线束一般分为模组通信线束、模组采样线束、电池管理系统(BMS)连接线束等,一般为黑色线束。

(1)低压线束。低压线束一般由专用缠绕胶带、扎带、套管、护套及标贴等组成。根据使用的特点不同,常见的外形有双绞线、箔层屏蔽层、编制层屏蔽层。当低压线束处于高频信号时,可以使用双绞线和箔层屏蔽层类型的低压线束;当低压线束处于低频信号时,可以使用双绞线和编制层屏蔽层类型的低压线束。

(2)低压连接器。低压连接器的好坏,决定了复杂的车用环境下的可靠性。为了确保低压线束连接器的连接牢靠,可以按照如下方法选择电压连接器:①因电池包箱体内部空间有限,连接器可以使用更小的体积且不需要选择防水类型;②模组连接器小型化。为了提高电池的能量密度以提高续驶里程,一般留给连接器的接口面积比较小,同时由于负责采集电压、温度、CAN信号及传递模组信息,传输电流很小,所以连接器选型一般遵循与模组最小的接口,连接器小型化。

(七)高压维修开关

高压维修开关的位置及功用(比亚迪秦)

高压维修开关是一种高压、大电流机械式开关,串接在整个动力电池系统内部,起到接通、断开动力电池包内部高压电路的作用。高压维修开关总成包含:插座(接触铜排、互锁装置)、插头(熔断器或铜排、互锁装置)和密封件等附属件。在高压环境下为维护技术人员安全或应对应变突发事件,高压维修开关可以快速分离高压电路的连接,使维修等工作处于一种较为安全的状态,既可以作为维修保护开关,也可以起到短路保护的作用,如外部短路保护、维修时需要断开高压等。

维修开关有着不同的名称:手动维修开关(manual service disconnect,MSD)和紧急维修开关(emergency service switch,ESS),两者都是维修开关,前者用得较多。但是需要注意,也有一些车型里是没有安装维修开关的,而是通过断开蓄电池负极来实现动力电池包的高压继电器断电,进而让电池包断电,保证维修人员的安全,如吉利帝豪EV450。

1. 高压维修开关的安装位置

MSD的安装结构一般分为前置安装和后置安装。行业内大致的安装位置是在箱体上便于拆装操作的箱体顶端或侧端,便于驾驶舱内及驾驶舱外的应急和维护操作。

由于乘用车的安全等级较高,MSD必须安装在车内,在出现突发极端情况时,车内驾乘人员可以快速地切断高压回路,避免人员财产安全损失。一般会设置位于车厢中部扶手箱内或车厢后部的扶手箱、车厢后排座椅前中央通道,还有在储物箱内、动力电池总成上方等。

因车型不同,需按照车辆维修手册提示进行查找。

2. 高压维修开关的工作原理

将 MSD 安装在动力电池包的主回路中,插头内置熔断器或铜排,插头和插座共同构成高压互锁回路功能,若整车外部出现极端过电流及短路工况条件,内置熔断器切断高压回路;在维护整车高压电路时,可手动断开高压维修开关,当拔下串联在动力电池模组中的维修开关时,首先切断了动力电池组,同时也断开了高压互锁电路;BMU 接收高压互锁断路信号,并通过切断高压继电器以迅速断开高压电路,防止误操作高压上电。

3. 高压维修开关需要具备的关键功能

(1) 耐火性能。MSD 除熔断器外的材料都是塑料材质:PA66-GFXX,必须保证材质满足耐火等级 UL94V-0。

(2) IP 等级。为保证 PACK 满足 IP67(IP 定义了一个界面对液态和固态微粒的防护能力,IP 后面跟了 2 位数字:第 1 个是固态防护等级,范围是 0~6;第 2 个是液态防护等级,范围是 0~8。数字越大表示保护能力越强)或 IP6K9K(同样是固态防控等级和液态防控等级,6K 防尘:灰尘不会进入内部;9K 防水:高温高压水射流冲洗无有害影响),MSD 自身必须达到 IP67 或 IP6K9K。

(3) IP 防护。在连接状态,要确保防护达到 IPXXD,在断开状态时应满足 IPXXB,不满足意味着手指能够触碰到高压危险部件,这是安全规定要求不允许的。所以维修开关的底座插孔应该依据 IPXXB 防护等级进行设计。

(4) 高压互锁。这是指当高压系统回路断开或者完整性受到破坏的时候启动的一种安全措施,可使车辆在发生碰撞时能快速断电。

(5) 可直接手动断开。必须保证不需要任何工具即可实现手动断开,且断开的循环插拔次数应大于 50 次(实际的操作次数可能会大于 500 次)。

(八) 电池管理系统组件

BMU 功能

动力电池包内部的电池管理系统组件主要为电池模组采样线、信息采集器和电池管理单元(BMU)等。电池模组采样线和信息采集器负责采集动力电池包内部信息;电池管理单元(BMU)是电池管理系统的核心,主要作用是监控动力电池包或电池箱中单体电池的温度和电压状态,估算其荷电状态(SOC)和健康度(SOH),对动力电池进行充电控制、均衡单体电池、电池系统高压上电和下电控制,并实时估算动力电池或电池箱的充放电功率,检测高压继电器线圈和触点的状态。有些车的 BMU 还能进行绝缘监测。

不同车型安装位置不同,部分车型电池管理单元(BMU)位于动力电池包内部,但是有些车型电池管理单元位于电池包外部,以便于进行检测和维修。

二、动力电池包形成

动力电池包由若干电池模组、热管理系统、电池管理系统(BMS)、电气系统及结构件组成。动力电池包的形成是指从单体电池到电池模组最后再到动力电池包,或是从单体电池到动力电池包的过程。

(一) 动力电池包形成方式

动力电池目前常用的形成方式有两种,一种是电池模组构成动力电池包,另一种是CTP(Cell to PACK,单体电池直接集成电池包),两种方式都有各自的特点。

1. 电池模组构成动力电池包的方式

在电池模组构成动力电池包之前有一个关键步骤,即按照要求将单体电池组装成电池模组,这个过程比较简单。手电筒的电池相当于单体电池,将2节或3节单体电池串联或串并联方式连接起来,用一个铝壳将这些电池包裹起来,只保留一个正极桩和一个负极桩,这就相当于构成了一个简单的电池模组。

其次,将组装的电池模组安装到相应的电池箱体内部,按照要求串联各个电池模组的高低压线束,最后按要求封装。这个过程就相当于将多个用铝壳包裹起来的有自己的正极桩和负极桩的电池模组串联在一起,再盖上上箱体并做好密封作业就构成了简单的动力电池包。

这种形成电池包的方式,有利有弊。优点是电池模组是电池包的维修单元,所以当某个单体电池发生故障时,只需更换一个模组,所以维修成本相对较低。缺点是生产过程中多了一个单体电池形成电池模组的工艺,造成了生产效率降低,且电池包内有构成电池模组必要的零部件,所以其体积相对较大,质量较大。

2. CTP技术

目前CTP有两种技术路线,一是采用完全无模组方式,二是大模组替代小模组的方式。

完全无模组方式是指单体电池直接集成动力电池包箱体内部。比亚迪是完全无模组构成动力电池包技术方法的代表,由比亚迪开发的长度大于0.6 m的大的单体电池,通过阵列的方式排布在一起,就像一片片刀片相同插入到电池包里面。因此,也有人称其为刀片电池。

大模组替代小模组的方式是指并不完全取消模组,而是把之前的小模组去掉侧板,用扎带连接起来,把模组做大,代表公司有特斯拉、宁德时代、蜂巢能源等。

CTP同样有优劣势,具体特点如下:①CTP能够省掉或者减少组装模组的端板、侧板以及用于固定模组的螺钉等紧固件,能提高体积利用率;②由于零部件的减少,带来重量的减轻,因此质量能量密度也能够提高,整车续驶里程也能提高;③由于电池的组装工艺更为简单,节省了人力、物力等制造成本,加上零部件的成本减少,电池包的成本也会降低。

取消模组环节,也会带来很多风险。比如,CTP对单体电池一致性的要求更高,单体电池由于充放电膨胀造成的形变和散热性能变差;另外,一旦单个单体电池发生故障,就会涉及更换整个电池包,而不是之前只需更换某一个模组,维修成本会大幅增加。

什么是电池PACK技术

(二) 动力电池包形成过程

动力电池包形成过程即为动力电池包的 PACK 过程,无论是单体电池形成动力电池包的方式还是电池模组形成电池包的方式,动力电池包的形成过程基本是相同的,都主要包括动力电池包装配或组装、动力电池系统程序刷写、动力电池包测试三方面的工作。

(1) 动力电池包组装过程类似于汽车的其他电气系统,先由元器件通过连接件形成电器总成,将电器总成妥善安放在相应位置上,然后接上电源、信号及通信导线,通过电控单元可对其进行通电、监测和控制。

(2) 动力电池系统程序刷写就是将 BMS 的控制策略以代码的形式刷入 BMS 的电池管理单元(BMU)中,以确保 BMS 能采集到动力电池的电压、电流、温度等状态信息,并能通过通信系统向外界传递信息。

(3) 动力电池包测试主要包括密封性测试和性能测试,从而确保动力电池包能满足新能源汽车的使用要求。

1. 单体—模组——电池包的形成过程

(1) 单体电池的分选。对单体电池进行分选,可以准确、可靠地分选出参数一致的单体电池,以便将一致性好的单体电池组装成电池模组或动力电池包,保证所配对电池组的循环寿命以及充放电性能,使得电池组能够安全、稳定、高效地为用电设备供电,增加电池模组或动力电池包的循环寿命和充放电性能,从而达到降低动力电池成本的目的。

在动力电池包装配前,需要通过单体电池的测试对单体电池进行挑选。一般需要进行以下几方面的测试:①单体电池容量测试,选出电池容量公差在 ± 50 A·h 范围的单体电池;②单体电池内阻测试,选出电池内阻公差在 ± 50 mΩ 范围的单体电池;③单体电池电压测试,选出电池电压公差在 ± 50 mV 范围的单体电池。

除此之外,还需要保证品牌、型号、工作电压、工作电流密度、额定容量等参数一致。

(2) 电池模组的形成。

① 电池模组成组数量。电池模组开发前要优先确定模组中的单体电池数量,通常会根据整车给予电池系统的空间来综合考虑,然后再根据单个模组的重量来进行限制,具体分析见表 2-3-2。

表 2-3-2 模块成组数量分析

序号	事项	分析	数量
1	模组成本	单个单体电池≤2.17 kg,美国劳工法规定单人作业搬运重量低于18 kg,双人作业搬运重量是18~22 kg	≤8
2	故障成本	模组生产后是不可逆拆的整体,考虑产品不良率及后期故障成本和更换成本,根据经验分析	≤8

续 表

序号	事项	分析	数量
3	生产成本	模组中除单体电池外仍包含其他辅料,考虑辅料成本及成本效率,根据经验分析	≥6
4	采集性	采集板最大采集单体电池数量为12串	≤12
5	通用性	不同车型、不同包络空间对模组的限定尺寸	—
6	互换性	其他公司进行模组开发,单体电池数量为10个	10

根据表2-3-2的分析,该电池系统模组设计优先采用2P5S方式。

结合表2-3-3各种分析数据,电池模组开发中单体电池数量确定为10个,成组后重量≤25 kg。

表2-3-3 成组串并联方式分析

方案	优 点	缺 点
2P5S	● 系统集成仅需考虑单体电压一致性 ● 电池管理系统分为主控单元和采集单元两级,目前是市场主流 ● 电池系统对外直接输出电压 ● 电池系统主回路电气电路简单	● 管理系统仅检测每并单体,单个单体电池故障无法检测 ● 单体电池故障,可能会造成整车动力丢失
1P10S	● 每个单体电池均被检测,可以反馈单支故障信息 ● 单体电池故障,整车限功率,动力不丢失	● 系统集成除单体电池一致性外,还需考虑模组一致性 ● 电池系统外部需配备放电电阻 ● 电池系统主回路电气电路复杂系统并联前需要判定压差,压差过大(>5 V),需要进行调整

截至目前统计,世界上几乎大多数的动力电池系统基本上都是采用先并后串的方式,若是采用先串后并的方式,则有以下缺点:若是一个单体电池损坏,则整个回路所有的单体电池都将失去作用;若是两个串联回路电压不一致,则将出现相互充放电情况。而先并后串的优点是,即使一个单体电池损坏,与其并联的其他单体电池可以继续通流工作,对于采用18650型的小单体电池来说,该种方式优点更大。

② 电池模组成组方式。模组的成组结构由成组数量和方式决定,2P5S模组中若干个单体电池排列组合,单体电池与单体电池的端板之间布置一片硅胶垫;单体电池底部布置一片环氧树脂板;侧板与单体电池之间布置一片绝缘片;单体电池上部放置一个绝缘板;单体电池之间的串并联采用连接片,连接片与单体电池极柱之间采用激光焊接方式;模组上方安装一个模组防护罩;模组正/负极处安装防护盖。除上文所述,电池模组中还包含了温度采样

线束(含温度传感器)和电压采样线束,采样线束最终集成在一个插件上,如图2-3-7所示。

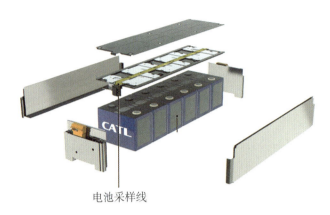

电池采样线

图 2-3-7 采样线束的集成

③ 单体电池的连接方式。有研究表明,单体电池与模组母排之间的连接方式,不仅会影响制造效率,也会影响电池装车以后的性能表现。根据常见的模组类型,单体电池与导电母排的连接方式可以分成焊接、螺接和机械压接三种形式。

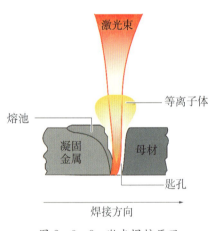

图 2-3-8 激光焊接原理

焊接应用于电池模组的焊接工艺,主要有激光焊接、超声波焊接和锡焊。其中由于动力电池组面积大,超声波焊头位置不容易接触,超声波焊接很少被采用;而锡焊的高温工艺对聚合物单体电池极耳处的密封存在一定的风险,同时由于锡的比重大而造成电池组的质量增加,所以现在使用比例也在降低。而激光焊接的原理(图2-3-8)是利用激光束优异的方向性和高功率密度等特性进行工作,通过光学系统将激光束聚焦在很小的区域内,在极短的时间内使被焊处形成一个能量高度集中的热源区,从而使被焊物熔化并形成牢固的焊点和焊缝,进而成为较理想的焊接方式,在生产过程中也越来越多地被使用。

在应用方面,因为模组的单体电池之间的电极需要进行串并联,所以单体电池的电极之间的串并联通常采用激光焊接,通过自动激光焊接来完成极柱与连接片的连接,从而实现电池串并联。

螺栓连接简称螺接,是用防松螺钉固定单体电池与母排之间的连接。这种形式在工艺上比较简单,但主要应用于单体容量比较大的电池系统,尤其在方形电池组中,如图2-3-9所示。

机械压接方案是依靠狭缝式的弹性导电结构,把软

图 2-3-9 方形电池组的螺栓连接

包电池极耳直接夹持在模组导电件上,以获得稳定的电气连接。该方式省去了焊接过程,同时拆卸方便。

单体电池之间通常采用机械压接的连接工艺,这一工艺的优点是组装连接可以采用多种方式,易于拆卸、组装连接简单灵活;缺点是由于自身结构限制,相对于平头型极柱,组装过程需要增加金属配件,电池模组质量有所增大。

三种方式相比,焊接的连接电阻小于螺接,是焊接明确的优点。同时,焊接的生产效率提升空间大,可以说总体上焊接优于螺接。但也可以看到,螺接一般在大型电池上应用,其更强的导电能力得以凸显,而效率低的劣势被削弱了。机械压接的好处在于拆装灵活,后期维护以及二次回收利用成功率高,缺点是组装效率难以大幅度提升,若机械连接结构设计不够合理,则在长期的道路车辆运行环境下,接触电阻发生变化的可能性高。

(3) 电池模组集成与封装。在电池模组集成与封装过程中,需要根据车辆的防撞需求、车型需求,在单体电池之间添加柔性吸能材料和结构加固来提升安全系数;根据乘客应用的不同,如大巴车、公交车、工程车、出租车、家用车等空间布局不同,针对差异化功能需求,进一步细化设计、优化布局来满足实际车型需求,之后完成电池封装。具体方法如下。

将电池模组按照顺序摆放至动力电池箱内,然后将正负极接触器、高压连接开关、低压连接开关、电脑采集模块放置在规定位置。然后依次紧固电脑采集模块、正负极接触器、高压连接开关、低压连接开关的螺栓。

安装电流传感器、正负极接触器至高压连接开关、正负极接触器线束、高低压线束、电池采集器及连接单体电池的采集线束。之后将高低压线束连接至高压盒。

最后安装电池箱保护盖和维修开关,形成一个完成的动力电池包。

(4) 安装电池管理系统(BMS)。动力电池包内部电池管理系统(BMS)的安装主要包括安装电池管理单元(BMU)、安装低压线束、连接低压线束。

① 安装电池管理单元(BMU)。根据动力电池包的布置方案,将电池管理单元(BMU)安装至动力电池包的规定位置,并用固定螺栓固定。

② 安装低压线束。安装电池管理单元(BMU)的低压线束至规定位置,并用扎带固定。

③ 连接低压线束。将各个电池模组的低压线束连接至电池模组低压线束插接器。

(5) 进行充放电循环测试。锂离子电池的循环寿命是其重要的性能指标。对电池的循环性能进行测试时,主要需确定电池的充放电模式,周期性循环至电池容量下降到某一规定值时(通常为额定容量的80%),电池所经历的充放电次数,或者对比循环相同周次后电池剩余容量,以此表征测试电池循环性能。此外,电池的测试环境对其充放电性能有一定的影响。

最后,将动力电池包封装入库。

2. 单体——电池包的形成过程

(1) 单体电池安装与固定。

① 单体电池分选。按照要求进行单体电池分选,选出容量、内阻和电压等级基本一致的单体电池。

② 单体电池安装。将合格的单体电池依次放入动力电池包下箱体中单体电池的安装位

置,并用固定螺栓固定。安放单体电池时,各单体电池的正极柱和负极柱错开,确保用铜排连接或压装时好连接。若动力电池包内单体电池数目较多,可排列成多排,每排之间用铜排连接。

③ 信号采样线。安装温度传感器,并将单体电池上面电压采样点和各个温度传感器采集线束或线束隔离板安装至相应位置并固定。若为线束需要用扎带固定,若为线束隔离板,需采用锡焊或插接的方式连接。

(2) 电池管理单元(BMU)和信息采样装置安装。按照规范要求安装电池管理单元(BMU)至合适位置,并用螺栓或铆钉固定。按照规范安装信息采集装置。连接电池管理单元(BMU)至各个信息采集装置中间连接线,并将各个采集装置与单体电池采样线连接。若动力电池包内没有电池管理单元(BMU),需要将信息采集装置通过动力电池包的低压线束插接器连接至动力电池外部电池管理单元(BMU)。

(3) 电子辅助元器件安装。安装动力电池包的主正接触器、主负接触器、预充接触器、电流传感器、预充电阻等电子辅助元器件部件至规定位置,并用规定螺栓或铆钉紧固。连接各电子辅助元器件的低压线至电池管理单元或电池包低压线束插接器。

(三) 动力电池电量计算

1. 动力电池包额定电压

动力电池总能量知多少

动力电池包额定电压是指电池在标准规定条件下工作时应达到的电压。计算公式为:

$$动力电池包额定电压 = 单体电池额定电压 \times 单体电池串联数$$

以某款磷酸铁锂电池包为例,单体电池额定电压为 3.2 V,单体电池串联的个数为 198 个。此时代入动力电池包额定电压公式,即 3.2 V×198=633.6 V,因此,这款三元锂电池包的额定电压为 633.6 V。

2. 动力电池包容量

动力电池包容量是指电池所能够储存的电量多少,容量是电池电性能的重要指标,它由电极的活性物质决定。单位:容量用 C 表示,单位用 $A \cdot h$(安时)或 $mA \cdot h$(毫安时)表示。计算公式为:

$$动力电池包容量 = 单体电池容量 \times 单体电池并联数量$$

同样,以某款磷酸铁锂电池包为例,单体电池容量为 65.5 A·h,整个动力电池包有 198 块单体电池为串联关系,电池模组和电池模组之间也是串联关系,所以并联数量为 1。此时代入动力电池包容量公式,即 65.5 A·h×1=65.5 A·h,因此,这款三元锂电池包的容量为 65.5 A·h。

3. 动力电池包总电量

动力电池包总电量指电池储存的能量的多少,单位为 W·h 或 kW·h。计算公式为:

$$动力电池包总电量 = 动力电池包额定电压 \times 动力电池包容量$$

通过计算,我们已知某款磷酸铁锂电池包的额定电压为 633.6 V,动力电池包容量为 65.5 A·h,代入动力电池总电量公式,即 633.6×65.5=41 500.8 VA·h=41 500.8 W·h= 41.5 kW·h。因此,这款三元锂电池包的总电量为 41.5 kW·h。

4. 动力电池包比能量

动力电池包比能量是指电池单位质量或单位体积所能输出的电能,单位分别是 W·h/kg 或 W·h/L。计算公式为:

$$动力电池包比能量 = 动力电池包总电量 \div 动力电池包质量$$

已知某款三元锂电池包的总电量为 30 kW·h,动力电池包质量为 1 295 kg;代入动力电池包比能量公式,即 30×1 000÷1 295=23 W·h/kg,所以此动力电池包的质量比能量为 23 W·h/kg。

三、动力电池包基本原理

动力电池包是具有从外部获取存储电能、对外输出电能,并为电动汽车提供所需高压电能的储能单元。这里主要介绍动力电池包高压电形成、供电和充电的原理。

(一) 动力电池包高压电形成原理

动力电池包是由几十甚至几百个单体电池直接串联连接或单体电池通过串并联方式形成模组后又串联连接构成的,串联连接可以提高电池电压,并联连接可以提高电池容量和电流。

由单体电池直接串联形成的动力电池包,在几十甚至几百个单体电池之间的连接正常的情况下,这种电池包的总额定电压等于各个单体电池额定电压之和,即为:总额定电压=单体电池额定电压×单体电池串联数,这样动力电池包可以供出 200~700 V 之间的高压电。

由几十甚至几百个单体电池先经过串并联形成电池模组,再将形成的电池模组串联连接形成的动力电池包,在各个单体电池之间连接和电池模组之间的连接正常的情况下,这种电池包的总额定电压为各电池模组电压之和,需要根据单体电池串并联关系求出电池模组额定电压之后,再求电池包总额定电压,即为:$V_{模组额定电压} = V_{单体电池额定电压} \times N_{模组中单体串联数}$,$V_{总额定电压} = V_{模组额定电压} \times N_{电池模组联}$,这样动力电池包可以同样供出新能源汽车需要的高压电。

(二) 动力电池包供电原理

当动力电池系统根据驾驶员的操作信号和动力电池的状态信号,判断动力电池需要供电时,电池管理系统控制动力电池包内部的主负继电器和预充继电器闭合,待预充电路的高压主电路接通,即对主电路中的高压电容器进行预充电;当预充电达到一定值时,电池管理系统控制主正继电器闭合,高压主电路接通,预充电路被短路的同时预充继电器断开,动力电池包的电经主正继电器和主负继电器供出。在动力电池包供电过程中,电池管理系统实时监测动力电池电压、温度、电流等信号,当判定电压过低或工作温度异常时,将停止供电或电池热管理系统开始工作将电池包的温度控制在正常工作范围以内。

(三）动力电池包充电原理

当动力电池包充电时,动力电池系统根据驾驶员操作信号踩下制动踏板或插上充电枪和动力电池状态信号,判定动力电池将要充电。此时电池管理系统控制动力电池内部的充电负继电器和充电预充继电器闭合,动力电池包外部的高压电经预充电阻供给动力电池包,紧接着电池管理系统控制充电正继电器闭合,充电预充继电器断开,动力电池包外部的高压电经充电正继电器和充电负继电器给电池包充电。在动力电池包充电过程中,电池管理系统实时监测动力电池包的电压、温度和电流等信号,当判定其将要充满或电池温度异常时,将停止充电或电池热管理系统介入,将动力电池包的温度控制在合理的工作范围以内。

四、动力电池包主要部件检测

（一）单体电池检测

1. 单体电池基本检测

检查单体电池外观是否有破损、鼓包及污损,若发现有破损或者是异常状况应立即停止车辆使用,并将车辆移至厂家指定维修站点。

2. 单体电池电气检测

(1) 电压检测。拆下单体电池的盖板,用万用表的合适量程检测单体电池电压,电压应为 3.2 V 左右,若不正常,则需要更换。

(2) 内阻检测。电池的内阻是指电池在工作时,电流流过电池内部所受到的阻碍作用。内阻检测方式是:使用内阻测试仪选择合适的量程,之后将红黑表笔分别连接至单体电池正负极检测单体电池内阻。标准内阻值在 60~100 mΩ 之间,若测量值不符合标准值,则需要进行检修。

（二）电池模组检测

1. 电池模组基本检测

检查电池模组外观,确认模组支架是否破损、变形,电池固定是否可靠,若发现有破损或者是异常状况应立即停止车辆使用,并将车辆移至厂家指定维修站点。

2. 电池模组电气检测

(1) 电压检测。拆下每个模组的正极和负极盖板,用万用表的合适量程检测电压,正常的电池模组电压有两种,不同动力电池包配置的电池模组不同,所以电池模组的标准电压不同,标准值的计算方式如下:若电池模组为三元锂电池,$V_{模组}=V_{单体} \times N_{串联}=3.7\text{ V} \times N_{串联数}$;若电池模组为磷酸铁锂锂电池,$V_{模组}=V_{单体} \times N_{串联}=3.2\text{ V} \times N_{串联数}$。需要注意的是,电池模组有一个电压范围,若检测值不在标准范围之内,电池模组可能存在异常,需要及时检修。

(2) 绝缘检测。拆下每个模组的正极和负极盖板,选用数字兆欧表的合适量程,分别检测电池模组正极输出端子与电池模组壳体、电池模组负极输出端子与电池模组壳体之间的电阻值,标准绝缘电阻值>20 MΩ 或标准电阻值>100 Ω/V,若测量值不符合标准值,需进行检修。

(三)维修开关检测

1. 维修开关基本检测

(1)整体外观检查。通过目视检查维修开关整体外观是否有损坏、变形、磕碰等。

(2)维修开关插头检查。通过目视检查维修开关插接头防水胶、接线柱、熔断器、卡扣锁销等是否有损坏、变形、磕碰、变色等状态。

2. 维修开关电气检测

(1)电阻检测。电阻检测主要是针对车辆带熔断器的维修开关的检测,检测方式是:使用专用的万用表,选择合适的量程,之后将红黑表笔分别连接至熔断器两端。标准电阻值<1 Ω,若测量值不符合标准值,需进行检修。

(2)绝缘检测。高压维修开关的绝缘检测是维修开关插座可靠性检测。使用数字兆欧表检测维修开关插座孔与车身搭铁之间的绝缘电阻值,标准绝缘电阻值>20 MΩ,若测量值不符合标准值,需进行检修。

(四)高压连接条检测

1. 高压连接条基本检测

检查高压连接条是否有裂纹、绝缘层是否有破损,若有,需及时进行处理。

2. 高压连接条电气检测

(1)导通性检测。①拆下两个电池模组之间的正极和负极盖板,拆下电池模组之间的连接条或铜排;②选用万用表的合适量程,将万用表红黑表笔分别连接至电池模组的正负极两端。标准电阻值<1 Ω,若测量值不符合标准值,需更换新的连接条或铜排。

(2)绝缘检测。将数字兆欧表调至合适量程,使用红黑表笔分别检测电池模组正极输出端子与电池模组壳体和电池模组负极输出端子与电池模组壳体之间的电阻值,标准绝缘电阻值>20 MΩ 或标准电阻值>100 Ω/V,若测量值不符合标准值,需进行检修。

(五)高压继电器检测

1. 高压继电器基本检测

(1)目视检查高压继电器外壳是否有破损或烧蚀痕迹。

(2)目视检查高压继电器插脚是否有烧蚀或断裂。有些高压继电器有高压线束接线柱和低压线束插接器,需要查看高压线束接线柱是否腐蚀和低压线束插接器插头是否有烧蚀破损。

2. 高压继电器电气检测

(1)高压继电器静态检测。①查看高压继电器针脚或端子,分别找到电磁线圈和高压触点两端的针脚或端子;②用万用表检测电磁线圈的两个针脚的电阻,正常值查阅维修手册

(如:继电器线圈为 48 Ω,则检测值应该为 48 Ω 左右),若检测值远高于标准值,则说明高压继电器损坏,需要更换新的高压继电器;③用万用表检测高压继电器高压触点的两接线柱或两端子电阻,标准电阻值为∞,若检测值与标准值不符,则需要更换新的高压继电器。

(2)高压继电器动态检测。①将高压继电器电磁线圈针脚分别连接 12 V 电源的正极和负极;②在电路闭合的情况下,倾听高压继电器触点是否有"啪"闭合的声音,并用万用表测量高压继电器的两高压接线柱或两端子电阻,标准电阻值<1 Ω,若检测值与标准值不一致,说明高压继电器损坏,需要更换新的。

实训 1　单体电池检测

请扫描二维码,查看"单体电池检测"技能视频,结合视频内容及相关资料,规范地完成单体电池检测的实训。

单体电池检测

◆ **实训准备**

(1)设备:单体电池。
(2)测量工具:万用表、数字兆欧表、内阻测试仪。
(3)防护用品:劳保手套、绝缘鞋。
(4)耗材:干净抹布。
(5)资料:维修手册、技能视频、学习工作页。

◆ **安全操作规范**

(1)单体电池检测前需佩戴防护装备。
(2)单体电池检测前需检查其外观是否完整。

◆ **实训步骤**

一、前期准备

(1)在实训开始前请穿戴好个人防护用品。
(2)准备好实训所需设备及工具。

二、单体电池基本检查

(1)目视检查单体电池蓝色绝缘膜有无开裂和损坏。
(2)目视检查单体电池正负极柱有无破损、壳体有无泄漏。
(3)目视检查单体电池底部有无开裂、破损。

若单体电池出现以上任一异常现象,则不能继续使用。

三、单体电池电压检测

(1) 取出万用表并校表,确认万用表正常可用,如图 2-3-10 所示。

(2) 将万用表调至电压测试挡。

(3) 将万用表的红黑表笔分别连接至单体电池的正负极柱,检测单体电池的开路电压,正常电压范围为 $(3.2\pm0.1)\mathrm{V}$,如图 2-3-11 所示。

图 2-3-10　万用表校准　　　　图 2-3-11　开路电压

(4) 若检测值不在正常范围内,需要按照规范补充电能后静置半小时左右,再次进行测量。

(5) 若再次测量值仍不合格,需进一步检测,判断单体电池是否可用。

不同类型单体电池的正常电压范围不同,需要查阅相关维修或技术资料确定。

(6) 关闭万用表,检测结束。

四、单体电池绝缘检测

(1) 取出数字兆欧表,对数字兆欧表进行校表操作,确认数字兆欧表正常可用。

(2) 将数字兆欧表调至 500 V 测试挡及以上。

(3) 将数字兆欧表的黑表笔连接至单体电池的正极柱,红表笔分别连接单体电池壳体的上部、前部、后部和两侧的绝缘层,检测单体电池的正极柱与壳体之间的绝缘电阻,标准值为 $\geqslant 20\mathrm{M}\Omega$,如图 2-3-12 所示。

(4) 若检测值与标准值不符,说明单体电池绝缘层可能存在损坏,不能继续使用。

(5) 将数字兆欧表的黑表笔连接至单体电池的负极柱,红表笔分别连接单体电池壳体的

上部、前部、后部和两侧的绝缘层,检测单体电池的负极柱与壳体之间的绝缘电阻,标准值为
≥20 MΩ,如图 2-3-13 所示。

图 2-3-12　正极柱与壳体之间的绝缘电阻　　　图 2-3-13　负极柱与壳体之间的绝缘电阻

(6) 若检测值与标准值不符,说明单体电池绝缘层可能存在损坏,不能继续使用。
(7) 关闭数字兆欧表,检测结束。

五、单体电池内阻检测

(1) 取出内阻测试仪,检查内阻测试仪及测试线缆,确认其正常。

注意事项

　　内阻测试仪表笔是四线制弹性探针表笔连接头,是可伸缩的,需用手按压确认其是否正常。

(2) 连接测试线缆至测试线插入口,并锁止。
(3) 按下测试仪的"开机键"开机。
(4) 按下测试仪的"设置键",恢复出厂设置。
(5) 再次按下测试仪的"设置键",对内阻测试仪分别进行"校准电阻"和"校准电压"操作,并保存,如图 2-3-14 和图 2-3-15 所示。

图 2-3-14　校准电阻　　　　　　　　　　图 2-3-15　校准电压

(6)短接测试线缆的红黑表笔进行调零,读取测试仪数值,查看表笔连接是否正常,正常值应该为0,如图2-3-16所示。

内阻测试仪表笔是四线制弹性探针表笔连接头,短接时需将其压缩到底,确认两表笔的探针短接牢靠。

(7)将测试线缆的红黑表笔分别连接单体电池正负极柱,检测单体电池的内阻和电压,内阻标准值为0.3~0.4 mΩ,电压标准值为(3.2±0.1)V,如图2-3-17所示。

图2-3-16 短接测试线缆

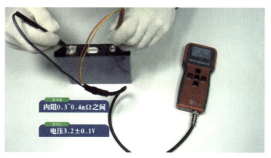

图2-3-17 检测单体电池的内阻和电压

内阻测试仪表笔是四线制弹性探针表笔连接头,连接正负极柱时需将其压缩到底,确认两表笔连接可靠。

(8)若检测值与标准值不符,需要按照规范补充单体电池电能以后,再次进行测量。

(9)若测量值仍与标准值不符,需进一步检测,判断单体电池是否可用。

不同单体电池的内阻和电压标准值不同,需要查阅相关维修或技术资料确定。

(10)关闭内阻测试仪,检测结束。

六、整理归位

按照7S管理标准,整理工具、场地和设备。

实训 2　高压继电器检测

请扫描二维码,查看"高压继电器检测"技能视频,结合视频内容及相关资料,规范地完成高压继电器检测的实训。

高压继电器检测

◆ **实训准备**

(1) 设备:动力电池模组拆装实训台、可调直流稳压电源。
(2) 测量工具:万用表、数字兆欧表。
(3) 防护用品:绝缘鞋、劳保手套、绝缘手套。
(4) 耗材:干净抹布。
(5) 资料:维修手册、技能视频、学习工作页。

◆ **安全操作规范**

(1) 高压继电器检测前需佩戴防护装备。
(2) 未拆卸主正继电器的控制模块不可检测主正继电器电磁线圈的电阻值。

◆ **实训步骤**

一、前期准备

(1) 在实训开始前请穿戴好个人防护用品。
(2) 准备好实训所需设备及工具。

二、主正继电器检测

1. 主正继电器静态检测

(1) 目视检查主正继电器的外观是否有烧结、破损等异常现象。
(2) 使用十字螺丝刀拆卸主正继电器控制模块绝缘保护盖上的固定螺栓,并取下绝缘保护盖。
(3) 目视检查主正继电器控制模块是否有烧结、老化、脱焊等异常现象。
(4) 取出万用表,校表确认万用表正常可用,并将万用表调至电阻测试挡。
(5) 将万用表的红、黑表笔分别连接主正继电器电磁线圈上的正、负极端子,检测主正继电器电磁线圈的电阻值是否正常;标准值为(3.5±0.5)Ω,如图2-3-18所示。

　　主正、主负继电器上装有控制模块,用于控制继电器线圈的通断。由于控制模块的内阻值极大,在检测主正、主负继电器的电磁线圈电阻时,需避开控制模块部分,所测值则为实际电磁线圈的电阻值。

(6) 若测量值与标准值不符,则说明主正继电器电磁线圈损坏,需更换新的主正继电器。

(7) 安装主正继电器控制模块,如图 2-3-19 所示。

图 2-3-18　检测主正继电器电磁线圈的电阻值

图 2-3-19　安装主正继电器控制模块

(8) 安装主正继电器控制模块绝缘保护盖及固定螺栓,并使用十字螺丝刀将其紧固。

(9) 取出数字兆欧表,并校表,检查数字兆欧表是否正常可用。

(10) 将数字兆欧表调至 500 V 测试挡及以上。

(11) 将数字兆欧表的红黑表笔分别连接高压(主正、主负等)继电器的两个高压接线柱,按下测试按钮,检测高压继电器两高压触点之间的电阻值,如图 2-3-20 所示,以判断高压状态下高压继电器内的高压触点是否完全断开;高压触点完全断开的电阻值应该为 MΩ(兆欧)级以上,类似处于绝缘状态。

(12) 若检测到的电阻值很大,如 MΩ(兆欧)级及以上数值,说明两触点之间没有微电流流动,继电器内部的两触点为完全断开状态;若检测到较小电阻值,如 kΩ(千欧)级以下数值,说明两触点间有微电流流动,高压继电器内部的两触点没有完全断开,存在粘连或部分粘连的现象,此高压继电器不能继续使用。

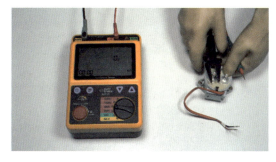

图 2-3-20　检测高压继电器两高压触点之间的电阻值

　　判断主正继电器两高压触点是否断开,可使用万用表检测,但所测结果可能存在偏差。因为使用万用表检测高压继电器触点电阻时,加在触点两端的电压很低,检测不出触点气隙变小时的通断(微电流无法跳过气隙),即无法判断高压继电器是否处于半粘连状态。

2. 主正继电器动态检测

(1) 取出可调直流稳压电源,打开电源开关,调整电压值至 12 V,如图 2-3-21 所示。

(2) 连接正、负极输出线至可调直流稳压电源。

（3）使用正、负极输出线的鳄鱼夹，分别连接主正继电器的正、负极线，给主正继电器的电磁线圈通电。若继电器工作正常，可以听到继电器触点"啪"的闭合声。

（4）将万用表的红、黑表笔分别连接主正继电器的正、负极接线柱，检测高压触点之间电阻值，如图2-3-22所示；标准值<1Ω。

图2-3-21 可调直流稳压电源

图2-3-22 检测高压触点的电阻

（5）若测量值与标准值不符，则说明主正继电器的高压触点未完全吸合，需更换新的主正继电器。

三、预充继电器检测

1. 预充继电器静态检测

图2-3-23 检测预充继电器电磁线圈的电阻

（1）目视检查预充继电器的外观是否有烧结、破损等异常现象。

（2）将万用表的红、黑表笔分别连接预充继电器电磁线圈上的正、负极端子，检测预充继电器电磁线圈的电阻值是否正常，如图2-3-23所示；标准值为(25±1)Ω。

（3）若测量值与标准值不符，则说明预充继电器电磁线圈损坏，需更换新的预充继电器。

> **注意事项**
>
> 不同新能源汽车配置的高压继电器或同一辆新能源汽车所配不同用途的高压继电器，其内部电磁线圈电阻值大小可能存在不一致的情况，标准值需参阅相关专业维修资料。

（4）将数字兆欧表调至500 V测试挡及以上。

（5）将数字兆欧表的红黑表笔分别连接预充继电器的两个高压接线柱，按下测试按钮，检测预充继电器两高压触点之间的电阻值，如图2-3-24所示，以判断高压状态下预充继电器内的高压触点是否完全断开；高压触点完全断开的电阻值应该为MΩ(兆欧)级以上，类似处于绝缘状态。

（6）若检测到的电阻值很大，如 MΩ（兆欧）级及以上数值，说明两触点之间没有微电流流动，继电器内部的两触点为完全断开状态；若检测到较小电阻值，如 kΩ（千欧）级以下数值，说明两触点间有微电流流动，预充继电器内部的两触点没有完全断开，存在粘连或部分粘连的现象，此预充继电器不能继续使用。

图 2-3-24　检测预充继电器两高压触点之间的电阻

2. 预充继电器动态检测

（1）取出可调直流稳压电源，打开电源开关，调整电压值至 12 V。

（2）连接正、负极输出线至可调直流稳压电源。

（3）使用正、负极输出线的鳄鱼夹，分别连接预充继电器的正、负极线，如图 2-3-25 所示，给预充继电器的电磁线圈通电。若继电器工作正常，可以听到继电器触点"啪"的闭合声。

（4）将万用表的红、黑表笔分别连接预充继电器的正、负极接线柱，检测高压触点之间电阻值，如图 2-3-26 所示；标准值<1 Ω。

图 2-3-25　连接预充继电器的正、负极线

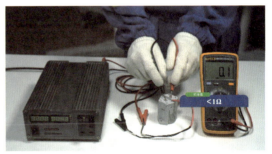

图 2-3-26　检测高压触点之间电阻值

（5）若测量值与标准值不符，则说明预充继电器的高压触点未完全吸合，需更换新的预充继电器。

四、整理归位

按照 7S 管理标准，整理工具、场地和设备。

本任务介绍了动力电池的组成、工作原理、主要部件检测方法及其形成过程。

动力电池主要由单体电池或电池模组、高压盒、热管理组件、高低压线束、电池管理系统组件组成，部分动力电池上还装有高压维修开关。

动力电池工作原理分为高压电形成原理、供电原理、充电原理三部分原理。

动力电池检测的主要部件是单体电池、电池模组、维修开关、高压连接条及高压继电器等,检测内容是这些部件的外观检测和电气检测。

动力电池的形成过程有两种,一种是电池模组构成动力电池包的方式,另一种是单体电池直接集成动力电池包。

一、判断题

1. 电极有正负之分,一般正极为阳极,获得电子,发生还原反应;负极则为阴极,失去电子发生氧化反应。( )
2. 电池模组中的采样线包括电压采样线和温度采样线。( )
3. 预充电阻可以串联在任意回路中,起到分压降流的作用。( )
4. 高压继电器实际上是用较大的电流去控制较小电流的一种"自动开关"。( )
5. CTP技术指的是模组构成动力电池包的方式。( )

二、选择题

1. 下列选项中不属于高压盒的部件是( )。【单选题】
   A. 高压继电器　　　　　　　　B. 电流传感器
   C. 直流接触器　　　　　　　　D. 预充电阻
2. 单体电池的电压应为( )左右。【单选题】
   A. 1.2 V　　B. 3.2 V　　C. 3.6 V　　D. 4.2 V
3. 由电极的活性物质决定的是动力电池的( )。【单选题】
   A. 额定电压　　B. 容量　　C. 总电量　　D. 比能量
4. 高压继电器电磁线圈电阻为( )。【单选题】
   A. 48Ω　　B. 36Ω　　C. 27Ω　　D. 22Ω
5. 高压维修开关需要具备的关键功能是( )。【多选题】
   A. 耐火性能　　　　　　　　　B. 高压互锁
   C. IP等级　　　　　　　　　　D. 可直接手动断开

三、简答题

1. 请简述电池模组构成动力电池包的形成过程。
2. 假设有180块磷酸铁锂单体电池,每个单体电池的额定电压为3.2 V,容量为65.5 A·h,构成方式是2P12S,请计算出动力电池包的总能量。

任务 4　典型动力电池包构造与检修

任务目标

1. 掌握典型动力电池包的结构及特点。
2. 掌握典型动力电池包检修步骤。
3. 掌握动力电池包、高压控制盒的拆解与检测。
4. 掌握电池模组充放电作业的操作步骤。
5. 掌握电池模组均衡作业的操作步骤。

一辆比亚迪 E5 纯电动汽车被拖送至 4S 店进行维修,车主反映使用车辆时无法上电。维修接待人员试车发现汽车上电指示灯不亮、动力电池故障警告灯"▭!"点亮,且仪表信息区域显示动力电池故障。经高级维修技师借助电脑诊断仪诊断,故障原因指向动力电池包某一电池模组存在故障,需要针对此故障进行维修。现车间调度将任务工单派发至你手中,请学习相关知识,安全规范地完成分派的动力电池包的检修任务。

动力电池包是从外部获取并存储电能,并对外输出电能的总成。纯电动汽车应用较多的为锂离子动力电池包,非插电混合动力汽车典型应用为镍氢动力电池包。动力电池包的结构基本相同,这里主要介绍几款典型车型的锂离子动力电池包和镍氢动力电池包的结构、特点及动力电池包的检修方法。

一、典型锂离子动力电池包结构及特点

应用在新能源汽车的锂离子动力电池主要为磷酸铁锂动力电池和三元锂动力电池。这里以 2018 款比亚迪 E5 和吉利几何 C 为例,分别介绍这两种动力电池包的结构及特点。

(一) 典型磷酸铁锂动力电池包

磷酸铁锂电池是一种用磷酸铁锂材料作电池正极、石墨作电池负极,聚乙烯或聚丙烯材

料制成的隔膜板,有机溶剂和锂盐制作的对人体组织具有腐蚀性的锂离子电解质,金属材料密封外壳的锂离子电池。一般,磷酸铁锂电池的单体电池额定电压是 3.2 V,充电终止时的最高电压为 3.6 V,放电截止时的最低电压为 2.0 V。2018 款比亚迪 E5 配置的动力电池包是额定电压约 633.6 V,额定容量为 65 A·h,总电量为 42.47 kW·h 的磷酸铁锂电池,其能提供综合工况下 250～300 km 的续驶里程。这里以比亚迪 E5 的动力电池包为例介绍磷酸铁锂动力电池包的结构、特点及电量计算方式。

1. 动力电池包组成

比亚迪 E5 的动力电池位于整车底板下面,如图 2-4-1 所示。

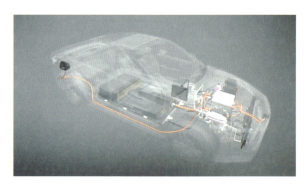

图 2-4-1 2018 款比亚迪 E5 动力电池位置

比亚迪 E5 动力电池包是由电池模组、动力电池包箱体、动力电池辅助装置、电池管理系统组件、电池散热组件和高压维修开关等构成的,如图 2-4-2 所示。

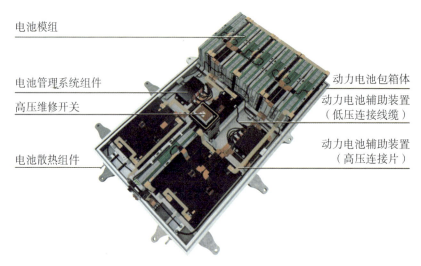

图 2-4-2 比亚迪 E5 动力电池组成

(1) 电池模组。比亚迪 E5 动力电池包内部由 198 个磷酸铁锂电池单体组合成,单体电池串联形成 13 个电池模组,13 个电池模组串联连接,其连接关系如图 2-4-3 所示。其中,动力电池包高压输出负极与1号电池模组负极连接,而高压输出正极与13号电池模组正极连接;1号、2号、11号、12号、13号电池模组位于电池包前排靠近车头方向;3号电池模组位于电池包中间排;4号、5号、6号、7号、8号、9号、10号电池模组位于电池包后排。比亚迪E5的动力电池包内的电池模组分成上下两层,13号模组在1号的上层,12号模组在11号的上层,6、7、8号模组分别在5、4、9号的上层,如图2-4-3所示。

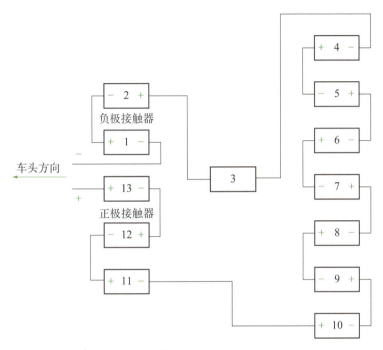

图2-4-3 比亚迪E5动力电池包内电池模组的布置

整个动力电池包内有两种不同形式的电池模组,一种是用16个单体电池串联而成的电池模组,这种形式的电池模组有3个,分别为2号、3号、10号电池模组;另一种是用15个单体电池串联而成的电池模组,这种形式的电池模组有10个,除了2号、3号、10号之外的电池模组,整个动力电池包中共有 $N=16\times3+15\times10=198$ 个电池单体。

(2)动力电池包箱体。比亚迪E5动力电池的动力电池包箱体是由动力电池包密封上盖和下托盘组成。动力电池包密封上盖也称为上箱体,在上箱体上有个维修开关座孔,用于安装高压维修开关,维修开关座孔在动力电池包内部,位置如图2-4-4所示;动力电池包下托盘主要用于承载电池模组及其他相关电气元件,它们组合在一起起到密封、防尘、保护电池模组及内部电气元件的作用。动力电池包上下箱体之间用密封胶和密封条进行密封。

(3)动力电池辅助装置。比亚迪E5动力电池包内部的电池辅助装置主要由高压连接片、低压连接线缆和接触器等组成,如图2-4-5所示。高压连接片也即为高压连接铜排,用于将动

图2-4-4 动力电池包箱体

力电池包内各个电池模组串联连接,是确保动力电池包内部各电池模组之间高压连接的必不可少的连接线,需要注意的是动力电池包内的连接铜排要按照绝缘要求选用;低压连接线缆主要包括动力电池包内接触器控制线、电池模组信息采集器连接线等,用于实现动力电池包内部相关电子元件的连接;接触器也称为高压继电器,位于动力电池包内部,比亚迪 E5 动力电池包内部的接触器有 4 个,从功能来看分为两种接触器,第一种是用于控制动力电池包内高压电路的接通与断开的正极接触器和负极接触器;第二种是用于将动力电池包内总电压分成 3 部分的分压接触器,如分压接触器 1 和分压接触器 2,具体如图 2-4-6 所示。需要注意的是动力电池包内的分压接触器是有熔断器的,在动力电池包供电或充电过程中,电流高于一定值时,熔断器会熔断,起到保护动力电池包或车辆高压器件的作用。

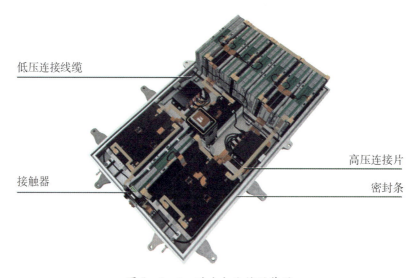

图 2-4-5 动力电池辅助装置

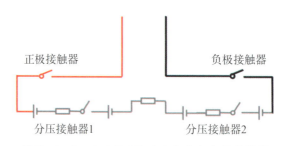

图 2-4-6 比亚迪 E5 动力电池包内的接触器

(4) 电池管理系统组件。比亚迪 E5 动力电池包内部没有电池管理器(BMC)。其内部电池管理系统相关组件有电池采样线和电池模组信息采集器(BIC)。电池管理系统的信息采集装置可以采集动力电池的状态信息;电池模组信息采集器(BIC)的作用是采集各个电池模组的电池电压和温度信号,并通过 BIC CAN 总线送至动力电池包外部的电池管理器(BMC),作为控制接触器接通与断开的依据;电池采样线是电压采样点和温度传感器到电池模组信息采集器(BIC)之间的连接线,主要用于将采集到的温度、电压信号送给信息采集器

(BIC)。在 2018 款比亚迪 E5 的动力电池包内部,每个电池模组上都有一个信息采集器,所以其内部有 13 个信息采集器,分别采集 13 个电池模组的电压和温度信号,并通过 BIC CAN 将信号送至电池管理器(BMC),如图 2-4-7 所示。

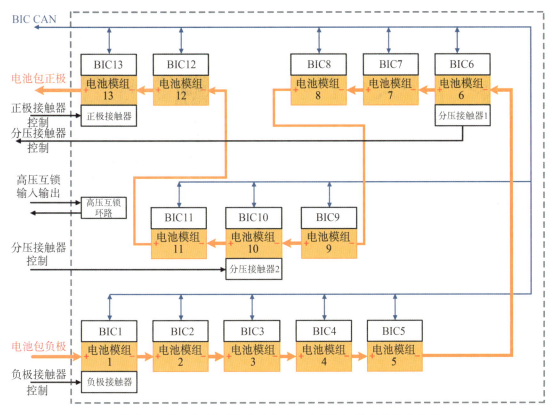

图 2-4-7　比亚迪 E5 动力电池包内部电池管理系统关系图

(5)电池散热组件。比亚迪 E5 动力电池包内的散热组件主要是散热板和冷却水管,其具体结构如图 2-4-8 所示。当动力电池包需要加热或冷却时,加热或冷却后的冷却液从进水管进入,经电池模组侧面或底部的散热板,最终从出水管回到电池冷却管路中。

(6)高压维修开关。比亚迪 E5 的高压维修开关位于中控台储物箱下部动力电池的上部,如图 2-4-9 所示。拆下储物箱即可拆装维修开关,其主要用于切断动力电池内部的高压电路,防止发生触电事故。驾驶员一般接触不到,仅供专业人员检修时使用。需要注意的是比亚迪 E5 内的高压维修开关是带有熔断器的,若动力电池供电或充电过程中,电流超过一定值,熔断器熔断,从而保护动力电池和汽车高压部件。

2. 动力电池包特点

比亚迪 E5 的电池管理器(BMC)位于动力电池包外部,所以属于外置电池控制单元的动力电池系统,如图 2-4-10 所示,便于维修和更换。另外,在动力电池包和电池管理器(BMC)之间需要布置合适的线束,用来传输动力电池包内部的信息采集器(BIC)采集到的相关温度和电压信号,其布线会相对复杂。

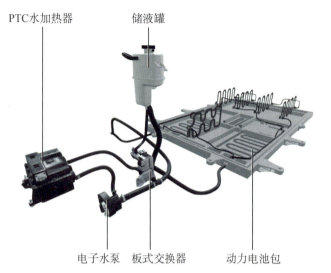

图 2-4-8　比亚迪 E5 动力电池包内散热组件

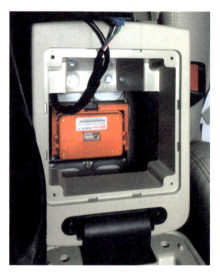

图 2-4-9　高压维修开关位置

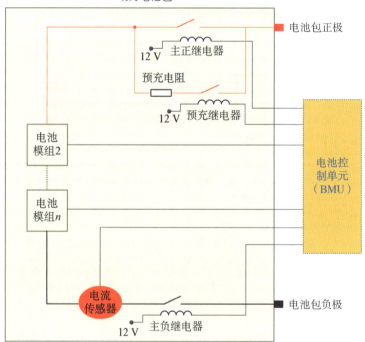

图 2-4-10　外置电池控制单元的动力电池系统

3. 动力电池包工作过程

在高压线路上，动力电池包是动力源，为整个汽车提供高压直流电，经过高压配电箱从动力电池包到达电机控制器、空调压缩机、PTC 制暖器和 DC-DC 转换器。比亚迪 E5 动力电池包的工作过程，主要包括动力电池包高压电的形成、供电过程和充电过程，下面具体介绍。

(1) 动力电池包高压电的形成。比亚迪 E5 动力电池包是由 198 个额定电压为 3.2 V、额定容量为 65 A·h 的磷酸铁锂单体电池构成 13 个电池模组,13 个电池模组串联形成的动力电池包。其中,电池模组有两种结构形式,分别为 3 个 1P16S(即 1 并 16 串)形式的电池模组和 10 个 1P15S(即 1 并 15 串)形式的电池模组。总的来说,动力电池包先由 198 个单体电池串联形成 13 个电池模组,电池模组再串联形成电池包,所以本质上整个动力电池包是由 198 个单体电池串联而成的,其总电压为:$V_{总额定电压} = V_{单体电池额定电压} \times N_{单体电池串联数} = 3.2 \text{ V} \times 198 = 633.6 \text{ V}$。整个动力电池包可以供出 633.6 V 的高压电,如图 2-4-11 所示。

动力电池包高压电形成(比亚迪 E5)

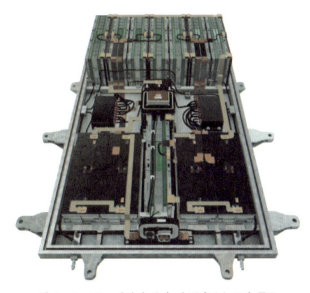

图 2-4-11 动力电池包的形成(比亚迪 E5)

(2) 供电过程。动力电池供电时,动力电池系统根据驾驶员操作信号和动力电池的状态信息,电池管理系统的电池管理器(BMC)控制动力电池包内的负极接触器、正极接触器和位于高压电控总成内部的高压配电箱内的预充接触器闭合,动力电池预充电路导通。当预充电压达到规定值时,电池管理器(BMC)控制高压配电箱内部的主接触器闭合,主供电电路接通后,BMC 控制预充接触器断开,动力电池包的高压电经正极接触器、主接触器和负极接触器供出。在动力电池包供电过程中,电池管理系统实时监测动力电池电压、温度、电流等信号,当判定电压过低或工作温度异常时,将停止供电或电池热管理系统开始工作,将电池包的温度控制在正常工作范围以内,如图 2-4-12 所示。

(3) 充电过程。比亚迪 E5 动力电池包的充电过程包括能量回收过程、交流充电过程和直流充电过程三种,这里分别介绍。

① 能量回收过程。汽车运行过程中,踩下制动踏板进行减速或制动时,驱动电机产生的高压交流电经电机控制整流升压后供给动力电池包,进行能量回收。

② 交流充电过程。当交流充电枪连接至车辆交流充电口后,交流电经充电枪及导线传给集成在车辆高压电控总成内的车载充电机(OBC),电池管理器(BMC)根据交流充电枪的

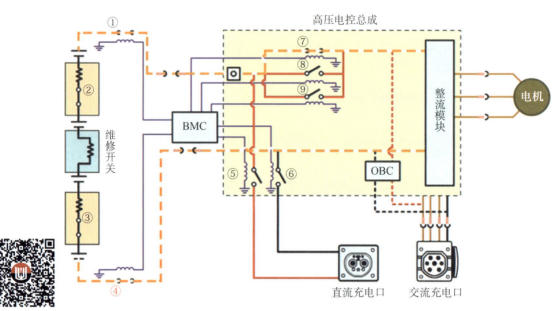

①正极接触器 ②分压接触器1 ③分压接触器2 ④负极接触器 ⑤直流正极接触器 ⑥直流负极接触器 ⑦主接触器 ⑧交流接触器 ⑨预充接触器

图 2-4-12 动力电池包供电过程(比亚迪 E5)

连接和动力电池包的状态信息,判定动力电池可进行充电,从而激活车载充电机(OBC)。在满足充电条件的情况下,电池管理器控制动力电池包内的正、负接触器和位于高压电控总成的高压配电箱内的预充接触器闭合,动力电池预充电路导通;充电桩的交流电经车载充电机(OBC)转换成直流高压电经预充电阻供给动力电池包,紧接着电池管理器(BMC)控制高压配电箱内的交流充电接触器闭合,同时预充接触器断开,交流充电桩的高压电经车载充电机(OBC)、交流充电接触器给动力电池包充电。当充电完成时,电池管理器控制负极接触器、正极接触器和交流充电接触器断开,交流充电停止,拔下交流充电枪。在交流充电过程中,电池管理器实时监测动力电池包的电压、温度和电流等信号状态,当出现充电故障或电池温度异常时,将立即断开各接触器停止充电,并启动电池冷却系统,同时在仪表板显示相关的故障信息,如图 2-4-13 所示。

③ 直流充电过程。当直流充电枪连接至车辆直流充电口后,电池管理器(BMC)根据动力电池的状态信号、充电桩的供电能力,在通过与充电桩信息交互确定直流电压和电流后,控制动力电池包开始充电。电池管理器(BMC)控制动力电池包内正极接触器和负极接触器闭合,同时闭合高压电控总成内的直流充电正极接触器和直流充电负极接触器,直流充电桩提供的高压直流电经高压配电箱内部的直流接触器给动力电池充电,同时仪表上显示相应的充电信息。当直流充电结束后,电池管理器(BMC)断开动力电池包内部正极接触器和负极接触器,并断开高压电控总成内部的直流充电正极接触器和直流充电负极接触器,直流充电系统停止,拔下直流充电枪。在直流充电过程中,电池管理器(BMC)也实时监测动力电池包状态信号和充电状态,当出现异常时及时断开充电电路,并在仪表板显示相关的故障信息,如图 2-4-14 所示。

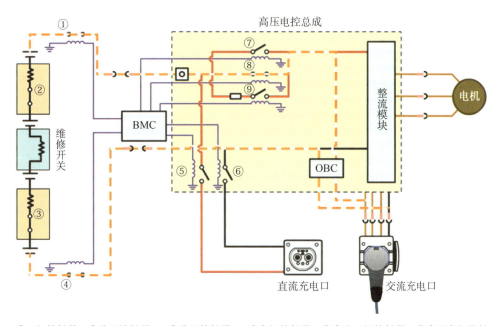

①正极接触器 ②分压接触器1 ③分压接触器2 ④负极接触器 ⑤直流正极接触器 ⑥直流负极接触器 ⑦主接触器 ⑧交流接触器 ⑨预充接触器

图 2-4-13 交流充电过程(比亚迪 E5)

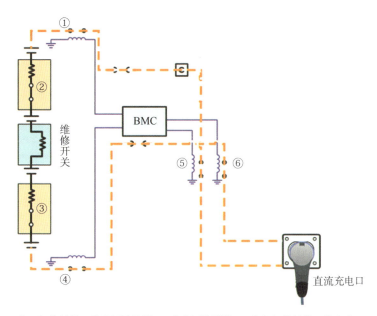

①正极接触器 ②分压接触器1 ③分压接触器2 ④负极接触器 ⑤直流正极接触器 ⑥直流负极接触器 ⑦主接触器 ⑧交流接触器 ⑨预充接触器

图 2-4-14 直流充电过程(比亚迪 E5)

4. 动力电池包能量计算

2018 款比亚迪 E5 的动力电池的额定电压约 633.6 V,额定容量为 65 A·h,总电量为 42.47 kW·h,计算过程如下。

(1) 动力电池包电量计算。动力电池包额定电压计算公式为：

$$动力电池包额定电压 = 单体电池额定电压 \times 单体电池串联数$$

比亚迪 E5 动力电池包为磷酸铁锂电池，单体电池额定电压为 3.2V。电池包内部有 198 个单体电池，这些单体电池采用串联形式组合成 13 个电池模组，13 个电池模组之间也是串联连接，所以整个动力电池包内的 198 个单体电池都是串联连接。

$$动力电池包额定电压 = 3.2V \times 198 = 633.6V$$

因此，这款磷酸铁锂电池包的额定电压为 633.6V。

(2) 动力电池包容量计算。动力电池包容量是指电池储存电量的多少，用 A·h 来表示。计算公式为：

$$动力电池包容量 = 单体电池容量 \times 单体电池并联数量$$

因 2018 款比亚迪 E5 动力电池包内部共有 198 个单体电池，且都是串联关系，所以电池包内单体电池并联数为 1。

$$动力电池包容量 = 单体电池容量 \times 1 = 65 A·h$$

因此，这款磷酸铁锂电池包的容量与单体电池容量相同为 65 A·h。

(3) 动力电池包总电量。动力电池包总电量指电池储存的能量的多少，用 kW·h 来表示。计算公式为：

$$动力电池总能量 = 动力电池包额定电压 \times 动力电池包容量$$

我们已知这款磷酸铁锂电池包的额定电压为 633.6V，动力电池包容量为 65 A·h，代入动力电池总电量公式，即 $633.6 \times 65 = 41184 VA·h = 41184 W·h \approx 41.18 kW·h$。因此，这款磷酸铁锂电池包的总电量大约为 42.47 kW·h。

(二) 典型三元锂动力电池包

三元锂电池是正极使用三种金属材料制造的三元聚合物锂电池，主要有镍钴锰酸锂和镍钴铝酸锂两类三元锂电池，目前应用较多的为镍钴锰三元锂电池。三元锂电池因其三元比例和成分不同，根据实际项目需求，可以生产不同电压和容量的单体电池。单体电池额定电压是 3.7V 左右，充电终止最高电压为 4.2V 左右，放电最低电压为 2.5V 左右。吉利几何 C 使用的是额定电压为 380.97V、额定容量为 190 A·h、总电量为 72.38 kW·h 的镍钴锰三元锂电池。下面以这款三元锂电池为例介绍三元锂电池包的结构、特点及电量计算方式。

1. 动力电池包组成

吉利几何 C 的动力电池包主要由电池模组、动力电池包箱体、高压控制盒、电池管理系统组件、电池散热组件和熔断器等构成，如图 2-4-15 所示。

(1) 电池模组。吉利几何 C 动力电池包内部有 17 个电池模组，17 个电池模组依次串联连接，其连接关系如图 2-4-16 所示。动力电池包高压输出负极端与 M1 电池模组负极连接，而高压输出正极端与 M17 号电池模组正极连接；电池模组 M1、M13、M14、M15、M16、

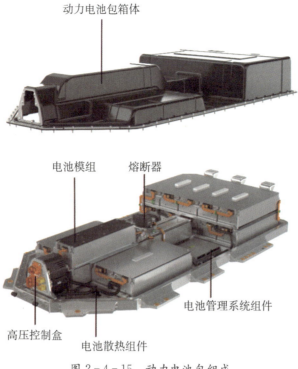

图 2-4-15 动力电池包组成

M17 号电池模组在电池包前排,其中电池模组 M13、M14、M1、M16、M17 位于底层,电池模组 M15 位于 M1 的上面;电池模组 M2 在电池包中间排;电池模组 M3、M4、M5、M6、M7、M8、M9、M10、M11 和 M12 在电池包后排,其中电池模组 M5、M4、M3、M11、M12 位于下层,而电池模组 M6、M7、M8、M9、M10 位于上层,其实物布置如图 2-4-17 所示。动力电池包内共有 102 个单体电池,每个电池模组由 6 个电池单体串联而成,整个电池包只有一种结构形式为 1P6S 的电池模组,共有 17 个这种结构形式的电池模组。因此,动力电池包内单体电池的数量 $N=1\times6\times17=102$ 个,与前面描述一致。

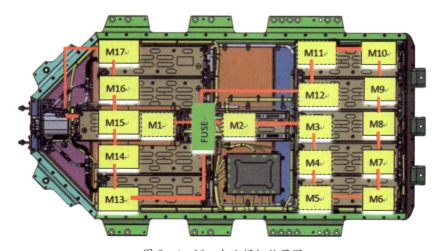

图 2-4-16 电池模组位置图

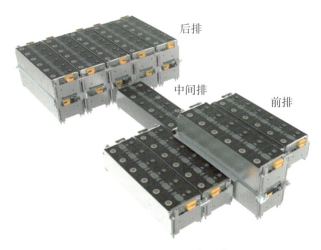

图 2-4-17 电池模组实物布置图

整个动力电池包内固定电池模组的前排、后排、中排相连的模组支架、压条都根据需求采用规定的六角法兰面螺栓固定。

(2) 动力电池包箱体。吉利几何 C 动力电池的动力电池包箱体是由动力电池包密封上盖、下箱体以及上下箱体之间连接密封相关组件组成,如图 2-4-18 所示,它们组合在一起起到密封、防尘、保护电池模组及内部电气元件的作用。需要注意的是这款车动力电池包没有维修开关,所以在上箱体上没有维修开关座孔;下箱体采用铝合金型材结构,底板总成由 6 块底板通过上下表面搅拌摩擦焊而成,底板总成与边框上下表面通过搅拌摩擦焊连接。安装点部位主要采用拉铆螺母,且整个底板需要提供包括上盖、后部框架、电池模组、CSC、BMU 固定支架、S-BOX、高压连接、低压连接及热管理系统相关零部件的安装固定;上下箱体之间连接密封相关组件主要包括固定螺栓、压条和密封条,它们主要可以将动力电池包的上下箱体连接成一个整体,并将上下箱体之间密封。其中上盖和下箱体之间利用软性密封

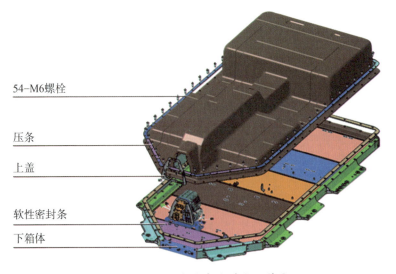

图 2-4-18 电池包上盖和下箱体

条密封。软性密封条通过双面粘接胶粘贴在下箱体周圈的密封面上,通过上盖上的54个螺栓锁紧固定在下箱体上,软性密封条在上盖和下箱体之间通过紧固螺栓被均匀压紧,从而达到上盖与下箱体之间配合面的密封作用,如图2-4-18所示。

同时,这款动力电池包上安装了两个平衡防爆阀,如图2-4-19所示。这种平衡防爆阀是一种防水透气阀,能防止动力电池包在一定深度的水中进水,也能释放掉动力电池包工作过程中产生的达到一定压力的气体,防止动力电池包出现变形、漏液,甚至爆炸等状况的发生。所以,动力电池包的平衡防爆阀,能快速透气泄压、防爆,能解决动力电池包由于内部气体压力过高而形成的问题。

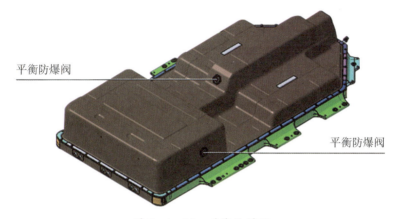

图2-4-19 平衡防爆阀

根据动力电池包的下箱体结构的密封、上下箱体之间的密封、上盖与前部插接件固定板之间的密封、上盖与平衡防爆阀之间的密封、下箱体与进出水管之间的密封,整个动力电池包达到IP67防护标准,可以确保动力电池包在规定的条件下浸在1 m水中半小时,水也不会进入内部。

(3)高压控制盒S-BOX。这款动力电池内部的高压继电器、电流传感器和预充电阻是集中在高压控制盒S-BOX内,如图2-4-20所示。这款高压控制盒内部主要有5个高压继电器、1个电流传感器和2个预充电阻。高压控制盒内部的高压继电器包括快充直流充电正继电器、主正继电器、主负继电器、主正预充继电器和快充预充继电器,其中快充、主正继电器和主负继电器采用满足250 A过流能力的继电器,而预充继电器采用满足5 A过流能力的继电器。预充电阻有2个,分别为主电路预充电阻和快充预充电阻,采用的是阻值为39Ω的水泥电阻。这款电池包内部的电流传感器为带有通信模块的霍尔电流传感器,其检测点为主回路负极。S-BOX内各器件连接电路如图2-4-21所示。

(4)电池管理系统组件。吉利几何C的动力电池包内部由集中式电池管理器单元(BMU)和各组电池模组采样线组成,如图2-4-22所示,其中电池管理单元(BMU)固定在下箱体上。这款车采用的是集中式电池管理系统,各个电池模组的信息采集装置集成在电池管理单元(BMU)内部。新能源汽车工作过程中,各个电池模组上的信息采集线将采集到的电池模组的电压和温度信号送给集成在BMU上的信息采集装置,信息采集装置将电池模

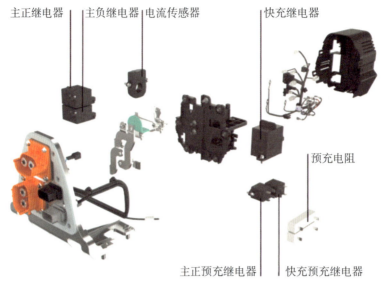

图 2-4-20 高压控制盒

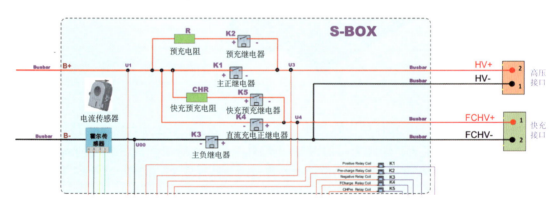

图 2-4-21 高压控制盒内各器件连接电路图

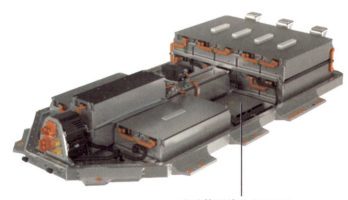

图 2-4-22 电池管理单元(BMU)位置

组的相关信息送给电池管理单元(BMU),如图 2-4-23 所示。BMU 分析处理电池相关信息,确定动力电池的状态,作为控制接触器接通与断开的依据。

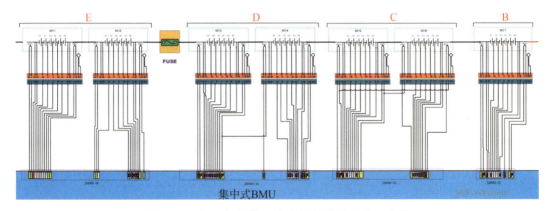

图 2-4-23 电池管理单元(BMU)信息采集方式

(5)电池散热组件。吉利几何 C 动力电池包内的散热组件主要是散热板和冷却水管,其具体结构如图 2-4-24 所示,可以利用冷却管路和散热板中循环的冷却液,将动力电池包的温度调整在合适的工作范围以内。动力电池包内部的散热组件主要为水冷板或口琴管结构形式,水冷板布置在下箱体与电池模组之间,其在水冷板和电池模组中间铺设厚度约为 1 mm 的导热硅胶垫,便于水冷板与电池模组之间热传交换;口琴管布置方向同模组方向一致。连接管路采用尼龙管,并用快速接头连接,动力电池包的冷却液从①处分两支路流入,经散热板循环后,从②处汇合流出。同时进出冷却水管中,各安装一个冷却液温度传感器,传感器为集成 NTC,其中 NTC 端子直接伸入管路内部采集液体温度。

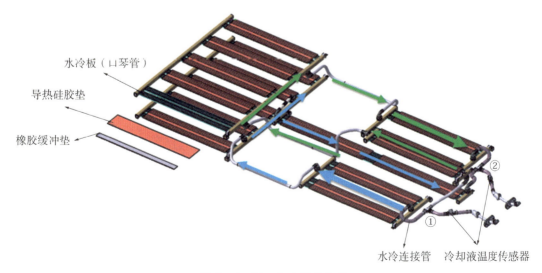

图 2-4-24 电池散热组件

(6)熔断器。吉利几何 C 的动力电池包上没有高压维修开关,但是动力电池包内的 M12 和 M13 两个电池模组之间安装有一个熔断器,如图 2-4-25 所示。这样可以在动力电池工

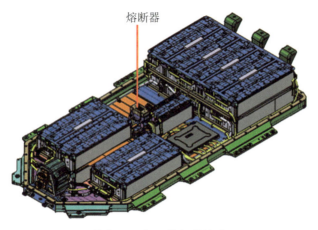

图 2-4-25 熔断器位置

作过程中,防止动力电池工作电路的电流过大而损坏动力电池或高压接触器。

2. 动力电池包特点

吉利几何 C 的电池管理单元位于动力电池包内部,所以属于内置电池控制单元的动力电池系统,如图 2-4-26 所示。这类系统的电池管理单元(BMU)位于电池包内部,而且动力电池包电池模组的信息采集装置也集成在电池管理单元内部。这种形式的电池系统,各电池模组的采样线将采集信息送至电池管理单元内部的信息采集装置,经初步处理又送至集中式电池管理单元(BMU),其布线相对简单,但是这种电池系统的电池管理单元(BMU)

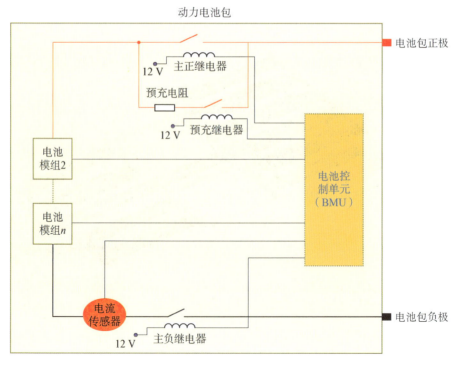

图 2-4-26 内置电池控制单元的动力电池系统

位于电池包内,维修困难。

3. 动力电池包工作过程

吉利几何 C 的 S-BOX 高压控制盒位于动力电池包内部,控制高压电路接通与断开的高压继电器、电流传感器和预充电阻都位于 S-BOX 高压控制盒内,所以 S-BOX 是动力电池对外供电、电量补给的总控中心。这里从动力电池包高压电的形成、供电过程和充电过程三个方面介绍吉利几何 C 动力电池包的工作过程。

(1) 动力电池包高压电的形成。吉利几何 C 动力电池包是由 102 个额定电压为 3.735 V、额定容量为 190 A·h 的三元锂单体电池构成 17 个电池模组,17 个电池模组串联形成的动力电池包。电池模组为 1P6S(即 1 并 6 串)形式,其额定容量与单体电池容量相同,为 190 A·h。总的来说,动力电池包为 17 个 1P6S 形式的电池模组,电池模组再串联连接形成电池包,所以本质上整个动力电池包是由 102 个单体电池串联而成,其总电压为:$V_{总额定电压}=V_{单体电池额定电压}×N_{单体电池串联数}=3.735\ V×102=380.97\ V$。整个动力电池包可以供给新能源汽车 380.97 V 的高压电,如图 2-4-27 所示。

动力电池包高压电形成(吉利几何 C)

图 2-4-27 动力电池包的形成(吉利几何 C)

(2) 供电过程。动力电池供电时,根据驾驶员操作信号和动力电池的状态信息,电池管理系统的电池管理单元(BMU)控制高压盒内的主负继电器和主正预充继电器闭合,动力电池预充电路导通。动力电池包的高压电从动力电池包内高压盒内侧高压正极端子输出,经预充电阻、主正预充继电器、充配电总成、主负继电器、动力电池内高压盒内侧的高压负极端子形成回路,给高压电路中电容进行预充电。因预充电阻串接在回路中,起到限制薄电容初始最大充电电流的作用,且保护了高压电路中的主负继电器和主正预充继电器。当预充电压达到规定值时,电池管理单元(BMU)控制高压盒内主正继电器闭合,主供电电路接通。动力电池包内的高压电经从高压正极端子输出,经主正继电器、充配电总成、主负继电器,经高压负极端子形成高压供电回路。主正继电器的吸合,将预充电阻、高压预充继电器组成的预充电路短接,此时主回路电流流向不发生改变,但流通路径却略有不同。高压电流直接经主正继电器供给充配电总成。在动力电池包供电过程中,电池管理系统实时监测动力电池电压、温度、电流等信号,当判定

动力电池包供电过程(吉利几何 C)

电压过低或工作温度异常时,将停止供电或电池热管理系统开始工作将电池包的温度控制在正常工作范围以内,如图2-4-28所示。

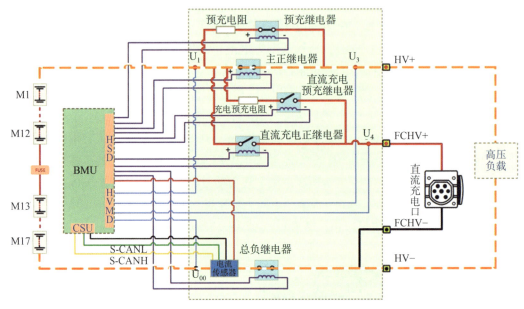

图2-4-28 动力电池包供电过程(吉利几何C)

动力电池包充电过程(吉利几何C)

（3）充电过程。吉利几何C动力电池包的充电过程包括能量回收过程、交流充电过程和直流充电过程三种,这里分别介绍。

① 能量回收过程。汽车运行过程中,踩下制动踏板进行减速或制动时,驱动电机转换成发电机,产生的高压交流电经电机控制器整流升压后回馈给动力电池包,动力电池包进行能量回收。

② 交流充电过程。在整车高压下电的情况下,将交流充电枪连接到车辆交流充电口后,电池管理单元(BMU)根据交流充电枪接通信号和动力电池包的状态信息,判断动力电池是否可充电。在满足充电条件的情况下,电池管理单元(BMU)控制动力电池高压系统上电完成。交流充电桩提供的高压电经车载充电机整流和升压等环节后,给动力电池包提供略高于动力电池额定电压的高压直流电。具体过程为:交流充电桩提供的高压电经交流充电口、车载充电机正极端、主正继电器、动力电池、主负继电器、车载充电机负极端回到交流充电桩。当充电结束时,电池管理单元(BMU)控制主负继电器、主正极接触继电器断开,交流充电系统停止工作。在交流充电过程中,电池管理单元实时监测动力电池包的电压、温度和电流信号状态和充电状态,当判定充电故障或电池温度异常时,将停止充电或电池热管理系统介入将动力电池的温度控制在合理的范围以内,同时在仪表板显示相关的故障信息,如图2-4-29所示。

③ 直流充电过程。在整车高压下电的情况下,当直流充电枪连接至车辆直流充电口后,电池管理单元(BMU)根据动力电池的状态信号、充电桩的供电能力,以及通过信息交互确定的直流充电的电压和电流,控制动力电池包开始充电。首先,电池管理单元(BMU)控制主负继电器、直流预充继电器吸合闭合,电池包进入直流预充阶段。具体预充过程为:直流充电

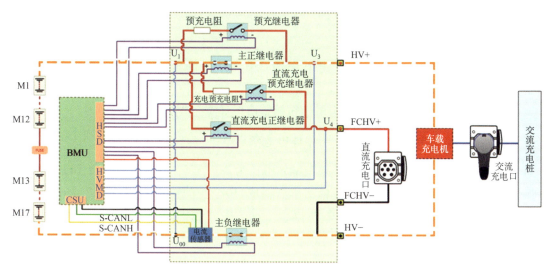

图 2-4-29 交流充电过程(吉利几何 C)

桩提供的高压电从高压盒直流充电正极端,经直流预充继电器、直流预充电阻、动力电池包、主负继电器从高压控制盒直流充电负极端,回到直流充电桩。接着,直流充电主正继电器闭合,直流预充继电器断开,充电主电路接通。此时,直流充电桩提供的高压电从高压盒直流充电正极端,经直流充电主正继电器、动力电池包、主负继电器从高压控制盒直流充电负极端,回到直流充电桩,直流充电工作正常开始,同时仪表上显示直流充电相关的信息,如图 2-4-30 所示。

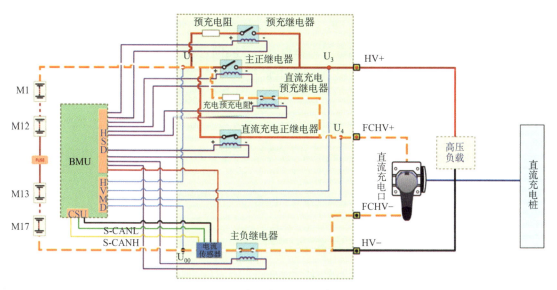

图 2-4-30 直流充电过程(吉利几何 C)

当直流充电结束后,电池管理单元(BMU)控制动力电池包内直流充电主正继电器和主负继电器断开,直流充电系统停止工作,同时直流充电桩停止充电。在直流充电过程中,电池管理单元(BMU)也实时监测动力电池包状态信号和充电状态,当出现异常时及时进行处理,并在仪表板显示相关的故障信息。

4. 动力电池包能量计算

吉利几何 C 的动力电池的额定电压约 380.97 V,额定容量为 190 A·h,总电量 72.38 kW·h,计算过程如下。

(1) 动力电池包电量计算。动力电池包额定电压计算公式为:

$$动力电池包额定电压 = 单体电池额定电压 \times 单体电池串联数$$

吉利几何 C 为三元锂电池,单体电池额定电压为 3.735 V。电池包内部有 102 个单体电池,每个电池模组由若干个单体电池依次串联而成,102 个单体电池组合成 17 个电池模组,且 17 个电池模组之间也是串联连接,所以整个动力电池包内的 102 个单体电池都是串联连接。

$$动力电池包额定电压 = 3.735 \text{ V} \times 102 = 380.97 \text{ V}$$

因此,这款磷酸铁锂电池包的额定电压为 380.97 V。

(2) 动力电池包容量计算。动力电池包容量是指电池储存电量的多少,用 A·h 来表示。计算公式为:

$$动力电池包容量 = 单体电池容量 \times 单体电池并联数量$$

因吉利几何 C 动力电池包内部共有 102 个单体电池,且都是串联关系,所以电池包内单体电池并联数为 1。

$$动力电池包容量 = 单体电池容量 \times 1 = 190 \text{ A·h}$$

因此,这款三元锂电池包的容量与单体电池容量相同,为 190 A·h。

(3) 动力电池包总电量。动力电池包总电量指电池储存的能量的多少,用 kW·h 来表示。计算公式为:

$$动力电池总能量 = 动力电池包额定电压 \times 动力电池包容量$$

通过计算,我们已知这款三元锂电池包的额定电压为 380.97 V,动力电池包容量为 190 A·h,代入动力电池总电量公式,即 $380.97 \times 190 = 72\,384.3$ VA·h $= 72\,384.3$ W·h ≈ 72.38 kW·h。因此,这款三元锂电池包的总电量大约为 72.38 kW·h。

二、典型镍氢动力电池包结构及特点

镍氢电池即金属氢化物镍电池,是指正极活性物质为氢氧化镍[$Ni(OH)_2$]、负极活性物质为储氢合金、电解液为氢氧化钾溶液的电池,目前主要作为非插电式混合动力汽车电能源使用。这种电池是碱性电池,低温性能较好,能够长时间存放。非插电式混合动力汽车的高压电池包为密封型镍氢电池,也称为 HV 电池包,HV 镍氢电池的单体电池额定电压是 1.2 V。某款丰田普锐斯的镍氢电池的额定电压约 201.6 V,额定容量为 6.5 A·h,总电量为 1.3 kW·h。这里主要介绍这种电池包的结构、特点及电量计算方式。

(一) HV 电池包组成

丰田普锐斯第二代高压电池包,即 HV 电池包位于行李舱内后排座位下,如图 2-4-31 所示。

HV 电池总成如图 2-4-32 所示,主要由 HV 镍氢电池组、HV 检修塞、HV 电控管理系统组件(HV 电池 ECU、HV 接线盒及传感器)、HV 电池外壳和 HV 电池冷却系统等组成,如图 2-4-33 所示。

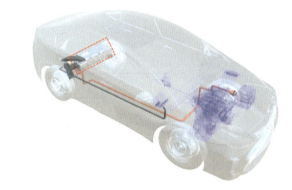

图 2-4-31 HV 电池安装位置

动力电池包的形成(丰田普锐斯)

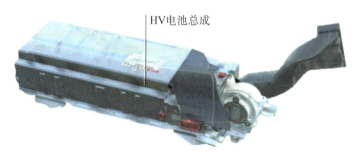

图 2-4-32 HV 电池总成

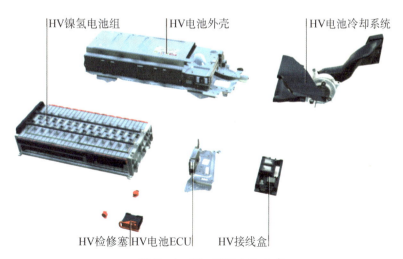

图 2-4-33 HV 电池组成

1. 电压保护控制

(1) 电压保护原因。锂电池本身的化学特性决定了我们必须要对电压进行保护。所谓的电压保护,是我们必须要保证锂电池的电压永远在合适的范围之内,不能让电压过低。因为其内部存储电能是靠电化学一种可逆的化学变化实现的,过度放电会导致这种化学变化有不可逆的反应发生,因此锂电池最怕过放电,一旦放电电压低于 2.7 V,将可能导致电池永久性损坏,也就是报废。同时也不能让电压过高,因为电池一旦过度充电,导致的危害远远大于过放电。过放电最多损坏电池,不会对周围造成危害,而过充电则可能导致电池温度升高,以至于发生自燃甚至爆炸,这种危害是致命的。

(2) 电压保护控制逻辑。若要监测并且保护系统的电压情况,自然不能简单地只采集一个总体电压,考虑到电池均衡等特性,虽然不用对每个电池进行采集和控制,但作为组成电池包的每一串的单体电压是必须要监测的。电池管理系统对采集的电压量进行判断,一旦检测到某项指标超过设定的保护值,并且系统的状态符合保护条件(充电时不进行欠电压保护,放电时不进行过电压保护),然后持续了一定时间,那么断开充放电回路并进行报警。至于是断开充电还是放电,根据实际情况决定。

表 3-2-1 电压保护逻辑表

分类	系统状态	系统策略	恢复策略
总体	总体过电压	断开充电回路,报警	电压恢复至保护恢复值以下,并持续 1 min
	总体欠电压	断开放电回路,报警	电压恢复至保护恢复值以上,并持续 1 min
单体	单体过电压	断开充电回路,报警	电压恢复至保护恢复值以下,并持续 1 min
	单体欠电压	断开放电回路,报警	电压恢复至保护恢复值以上,并持续 1 min

2. 电流保护控制

(1) 电流保护原因。所谓的电流保护,也就是我们必须要保证,无论是充电还是放电,电流都不能过大。大家都清楚地知道,短路便是电流过大的一种体现,当系统正负极直接接触,导线电阻极小、电流极大,极大的电流又会产生大量的热,从而引发致命的燃烧或爆炸。其实,即使不是短路,过大的电流依然会导致电池内部发热,这样也极有可能会造成电池的永久性损害。

(2) 电流保护控制逻辑。电流是有方向的,我们在保护中也要考虑到这一点:放电过程中,电流从电池正极流出,经过负载后再回到电池负极;充电过程中,电流从充电机的正极流出,经过了电池后再回到充电机负极。这是两个完全相反的过程。若设定充电过程的电流为正,那么放电时电流必然为负,在保护判断中,等进入了模块后,我们用其绝对值与保护参数比较,当超过正常值时断开充放电回路,这个过程与电压保护大同小异。

电流过大产生热量累积这是一个持续的过程,所以在电流上一般会有两重保护:第一重保护的设定值比较小,延时时间比较长;第二重保护的设定值比较大,延时时间很短。比如说电流>1 A,500 ms 后保护;电流>5 A,10 ms 后保护。当电流保护发生以后,并不能像电压恢复一样实时读取数据,因为一旦把充放电回路断开以后,回路上的电流瞬间就变成了 0 A。要想恢复保护状态,一般有两种条件:第一,不需要人工干预,在经过一段时间之后,自动打开回路,如果此刻依然为过电流状态,那么系统又会进入保护,这样反复几次,便可以将系统的状态设置为故障了;第二,需要人工干预,等负载或者充电机移除后,打开回路。

短路保护其实也是电流保护的一种,当系统短路以后,电流理论上会变成无限大,这样产生的热量也是无限大。为了避免发生事故,短路保护一般是采用硬件来自动触发,触发后传递给 MCU 一个信号即可。

3. 温度保护控制

温度保护不用多言,除锂电池本身的化学特性导致它不能在极端温度下使用之外,任何一个类似的系统,为了安全起见都应该考虑到温度。

温度保护比较简单,一般的逻辑就可以实现,温度值有上限也有下限,甚至再细分还可以分为充电时的温度保护和放电时的温度保护。

需要注意的是,在实际的测试中发现,温度是一个比较容易抖动的值,所以在判断的时候保护值和恢复值是一个合理的区间。

(二) BMS 上下电控制

纯电动汽车在工作过程中,整车控制器(VCU)是核心,电池管理系统(BMS)根据 VCU 的指令、动力电池和驱动电机的状态,控制动力电池进行充放电操作,即 BMS 控制动力电池进行上电、下电、交流充电和直流充电。

BMS 上下电控制

1. BMS 控制原理

电池管理系统(BMS)工作时,动力电池内的各种传感器实时监测电池模组和单体电池的电压、温度等信号,通过采样线送给信息采集器(BIC),BIC 整合分析后送电池管理器(BMC)。同时,启动按钮、制动开关、加速踏板等操作信号送给整车控制器(VCU),分析处理后,通过动力 CAN 送给电池管理器(BMC)。电池管理器(BMC)根据电池信息采集器(BIC)的动力电池状态信息和整车控制器的车辆操作信号,判定动力电池的状态和车辆工况。在动力电池正常的情况下,控制动力电池的预充、主负和主正接触器工作,控制动力电池进行充电或放电工作。

2. BMS 控制车辆上电

BMS 控制车辆上电的本质是按照规定流程控制电机控制器、电池管理系统等部件的供电,预充继电器、主继电器的吸合和断开时间。具体如图 3-2-6 所示。

(1) 防盗验证。车钥匙通过天线将信号与 BCM 进行验证。

(2) 低压上电。按下车辆起动开关,车身控制模块(BCM)将车辆的起动请求信号(低压唤醒信号)传输给整车控制器(VCU),VCU 完成低压上电。同时起动请求信号送给电池管理器(BMC)和电机控制器(MCU),BMU 和 MCU 完成低压上电。

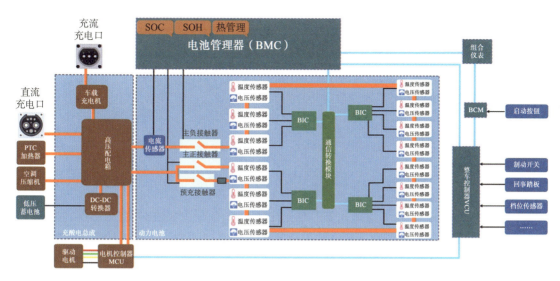

图 3-2-6 BMS 上下电控制示意图

(3) 高压上电。低压信号验证:车辆制动开关、加速踏板等检测装置将车辆操作信号传递至整车控制器(VCU)。

高压上电准备:整车控制器(VCU)分析处理后,在车辆正常的情况下,向电池管理器(BMC)和电机控制器(MCU)发出准备高压上电的准备信号。BMC 和 MCU 根据这个信号进行动力电池状态、驱动电机状态和高压部件连接是否正常的监测。同时进行电池管理器(BMU)、电机控制器(MCU)当前状态的监测。

高压上电指令:若 BMC、MCU、动力电池和驱动电机状态都正常,且上一次上下电过程中整车无严重故障,电池管理器(BMU)接收到整车控制器发出的高压上电的指令。

预充电:BMC 控制预充接触器和主负接触器闭合,直至电机控制器(MCU)的电容上电至规定值。

主电路供电:BMC 控制主正接触器闭合,当主电路接通后,控制预充接触器断开。

READY 灯点亮:整车控制器(VCU)接收到主电路供电成功的信息后,给 BCM 发出控制 READY 灯点亮指令,READY 灯点亮,高压上电成功。

3. BMS 控制车辆下电

BMS 控制车辆下电,实质上是 BMS 控制主正接触器和主负接触器断开,动力电池高压电路断开和低压电路断开的过程,具体有下面几个步骤。

(1) 关闭车辆起动开关,整车控制器(VCU)接收到断电信号,控制整车高压系统断电,如控制 DC-DC 转换器、水泵、空调停止工作。

(2) 电池管理器(BMU)接收到整车控制器(VCU)的指令,控制主正接触器和主负接触器断开,高压下电完成。

(3) 关闭车辆起动开关,整车控制器(VCU)、电池管理器(BMU)和电机控制器(MCU)无法接收到起动信号(唤醒信号断开),VCU、BMC、BMU 进入休眠状态,完成低压下电。

(三)应急故障控制

当车辆运行过程中,发生重大安全事故(如严重碰撞)或致命故障时,整车功能和性能受影响,限制功率立即降为0,电池管理系统(BMS)立即断开接触器,故障零部件记录故障码,ICU点亮系统故障灯和相关零部件故障指示灯。

本任务介绍了电池管理系统的组成和控制原理。

电池管理系统(BMS)主要由电池管理单元(BMU)、电池信息采集装置(CSC)和信息采样线等组成,除此之外还有检测电池温度和电流等信息的温度传感器和电流传感器。其中,电池管理单元(BMU)作为电池管理系统的核心,其功能就是进行电池电压、温度检测,并根据检测到的信息进行分析处理,输出相应的控制指令。而电池信息采集装置(CSC)负责采集单体电池电压和电池模组温度等信号,并将采集的信号送给电池管理单元(BMU),此外,也根据实际情况进行电池均衡。

电池管理系统的控制主要包含BMS保护控制、BMS上下电控制以及应急故障控制。

BMS保护控制即BMS的监测系统能够实时监测锂电池的状态,而控制系统需要根据锂电池的状态,在需要的时候对动力电池的工作进行干预。BMS上下电控制即BMS根据VCU的指令、动力电池和驱动电机的状态,控制动力电池进行充放电操作。此外,当发生重大故障时,BMS还会启动应急故障控制,以保证安全。

一、判断题

1. 电池管理采集单元可以采集多个单体电池电压、温度信号,其内部有A/D转换电路,可以将采集到的电压和温度的模拟信号转换为数字信号,并送给主机处理器CPU。
   (   )
2. 车钥匙通过CAN与BCM进行验证。 (   )
3. 所谓的电流保护,也就是我们必须要保证,无论是充电还是放电,电流都不能过大。
   (   )
4. BMS控制车辆下电,实质上是BMS控制主正接触器和主负接触器断开,动力电池高压电路断开和低压电路断开的过程。 (   )

二、选择题

1. 纯电动汽车在工作过程中,核心是(   )。【单选题】
   A. VCU   B. BMS   C. CSC   D. BIC

2. BMS 保护控制包括(　　)。【多选题】
   A. 电压保护控制　　　　　　　　　B. 电流保护控制
   C. 温度保护控制　　　　　　　　　D. 互锁保护控制
3. 根据电池管理系统类型不同，电池监控单元 CSC 有哪两种？(　　)【多选题】
   A. 集成式　　　　　　　　　　　　B. 集中式
   C. 非集成式　　　　　　　　　　　D. 非集中式
4. 动力电池电流传感器主要分为(　　)。【多选题】
   A. 霍尔式传感器　　　　　　　　　B. 集成高压采样的电流采样单元
   C. 热敏电阻传感器　　　　　　　　D. 独立高压采样的电流采样单元

三、简答题

1. 请简述电流保护原因。
2. 请简述 BMS 控制车辆下电过程。

任务 3　典型电池管理系统组成与检修

任务目标

1. 了解分布式和集中式电池管理系统的组成。
2. 掌握分布式和集中式电池管理系统的工作过程。
3. 掌握电池管理系统的检修方法。

任务导入

　　一辆吉利帝豪 EV450 被拖送至 4S 店进行维修，车主反映车辆无法上电。维修接待人员试车发现车辆上电 READY 灯不亮、动力电池故障警告灯"⛝!"点亮，且仪表信息区域显示动力电池故障。现需要高级维修技师针对此故障现象，进行车辆维修。假若你是高级维修技师，请根据所学相关知识，思考如何安全规范地完成维修任务。

知识储备

　　电池管理系统可以对电池组和电池单元运行状态进行动态监控，精确测量电池的剩余容量，同时对电池进行充放电保护，并使电池在最佳状态工作。按照其拓扑结构的不同，可分为分布式电池管理系统和集中式电池管理系统。这里主要介绍典型分布式电池管理系统和集中式电池管理系统的组成、工作过程和检修方法，其中分布式电池管理系统主要以比亚迪 E5 搭载的电池管理系统为例介绍，集中式电池管理系统以吉利几何 C 搭载的电池管理系统为例介绍。

一、典型分布式电池管理系统

分布式电池管理系统组成和基本工作过程（比亚迪 E5）

　　分布式电池管理系统的硬件主要由一个主控单元、多个从控单元、信息采样线、电压及温度采样点、高压管理模块等组成，能较好地实现模块级和系统级的分级管理。其中从控单元、信息采样线和电压及温度采样点主要用于采集电池模组及模组中单体电压、温度等相关信息。从布置上来看，主要有两种形式：一个从控单元对应一个电池模组（见图 3-3-1）和一个从控单元对应多个电池模组。其中

2019款比亚迪E5采用的是一个从控单元对应一个电池模组。高压管理模块主要用于监测电池包总电压、总电流、绝缘、互锁等电池状态。

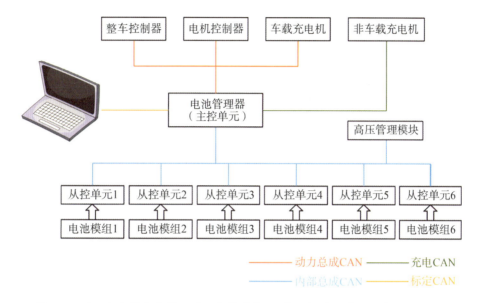

图3-3-1 分布式电池管理系统拓扑结构(一个从控单元对应一个电池模组)

(一) 系统组成

2019款比亚迪E5采用的是分布式电池管理系统,主要由1个电池管理器(电池管理控制器BMC)、级联转换模块(通信转换模块)、11个电池信息采集器(BIC)、1套电池采样线、11组电压和温度检测集成电路(集成在电池模组M1～M11内部)和高压管理模块组成。其中比亚迪E5的高压管理模块不是指一个独立的部件,而是为了实现总电流、绝缘电阻、高压互锁等功能,设置了直流电流传感器、漏电传感器、高压互锁监测电路、直流充电接触器烧结检测模块等,如图3-3-2所示。

1. 电池管理器

电池管理器相当于电池管理系统的主控板或主控单元,处理从控制器(电池信息采集器)和高压管理模块上报的信息,同时根据上报信息判断和控制动力电池SOC和温度等状态,进行充放电控制,实现BMS相关控制策略,并做出相应故障诊断及处理。不同厂家对电池管理器的英文命名有所不同,常见的英文缩写有BMU、BMC、BCU、BECU等,其中比亚迪采用的英文缩写为BMC。

2019款比亚迪E5电池管理器安装在前舱低压蓄电池旁边,如图3-3-3所示。其上的低压插件有2个,分别为BK45(A)和BK45(B)。

电池管理器BK45(A)插接件是一个34 pin插接件,如图3-3-4所示。其上一共接有21根信号线,具体的引脚定义见表3-3-1。

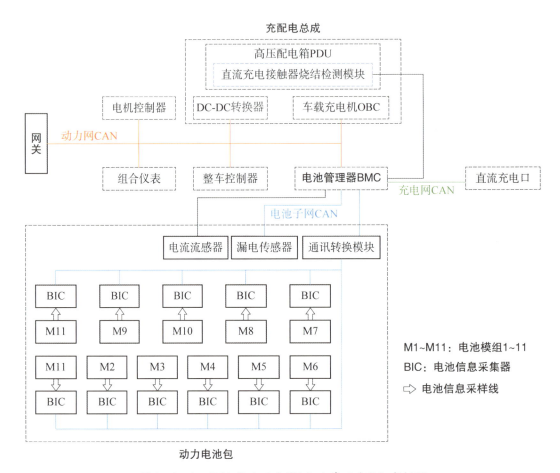

图 3-3-2 2019 款比亚迪 E5 电池管理系统组成框图

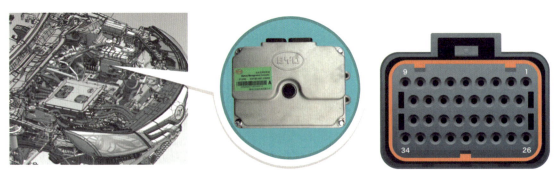

图 3-3-3 电池管理器安装位置

图 3-3-4 电池管理器 BK45（A）插接件

表 3-3-1　电池管理器 BK45(A)插接件引脚定义(34 pin)

引脚号	端子名称与定义	线束接法	信号类型
1	电池子网 CANH	接电池包 33 pin-10	CAN 信号
2	电池子网 CAN 屏蔽地	接电池包 33 pin-5	接地
3	BMS 通信转换模块电源+12 V	接电池包 33 pin-11	电压
4	NC(空脚)		
5	NC		
6	直流充电唤醒信号	接直流充电口 12 pin-2	电平信号
7	预充接触器电源+12 V/主接触器电源+12 V	接电池包 33 pin-20 接电池包 33 pin-18	电压 电压
8	充电仪表指示信号灯	仪表	电平信号
9	分压接触器控制信号	接电池包 33 pin-27	电平信号
10	电池子网 CANL	接电池包 33 pin-4	CAN 信号
11	通信转换模块电源 GND	接电池包 33 pin-16	接地
12	NC		
13	NC		
14	NC		
15	直流充电正电源+12 V/负极接触器电源+12 V	接充配电总成 33 pin-8	电压
16	负极接触器电源+12 V/分压接触器电源+12 V	接电池包 33 pin-6 接电池包 33 pin-21	电压 电压
17	NC		
18	电流霍尔传感器负极电源-15 V	接电池包 33 pin-25	电压
19	电流霍尔传感器屏蔽地	接电池包 33 pin-23	接地
20	NC		
21	预充接触器控制信号	接电池包 33 pin-28	电平信号
22	主接触器控制信号	接电池包 33 pin-19	电平信号
23	NC		
24	直流充电负极接触器控制信号	接充配电总成 33 pin-10	电平信号
25	NC		
26	直流霍尔信号	接电池包 33 pin-22	模拟信号

续表

引脚号	端子名称与定义	线束接法	信号类型
27	直流霍尔传感器正极电源+15 V	接电池包 33 pin-24	电压
28	常电	整车低压线束	电压
29	负极接触器控制信号	接电池包 33 pin-13	电平信号
30	NC		
31	NC		
32	NC		
33	直流充电正极接触器控制信号	接充配电总成 33 pin-9	电平信号
34	NC		

电池管理器 BK45(B)插接件是一个 26 pin 插接件,如图 3-3-5 所示。其上一共接有 23 根信号线,具体的引脚定义见表 3-3-2。

图 3-3-5 电池管理器 BK45(B)接插件

表 3-3-2 电池管理器 BK45(B)插接件引脚定义(26 pin)

引脚号	端子名称与定义	线束接法	信号类型
1	12V 常电	整车低压线束	电压
2	车身地	整车低压线束	接地
3	碰撞信号	接碰撞 ECU	PWM 信号
4	PWM 输出 1	接电池包 pin-30	PWM 信号
5	PWM 输入 1	接充配电总成 pin-13	PWM 信号
6	直流充电口温度传感器 GND2	接直流充电口 12 pin-10	接地
7	直流充电接触器烧结检测信号	接充配电总成 33 pin-11	电平信号
8	$12V_{DC}$	整车低压线束	电压

续　表

引脚号	端子名称与定义	线束接法	信号类型
9	动力网 CAN 终端电阻并入 1	BMC02-14	CAN 信号
10	PWM 输出 2	接充配电总成 33 pin-14	PWM 信号
11	PWM 输入 2	接充配电总成 33 pin-15	PWM 信号
12	直流充电口温度传感器 GND1	接直流充电口 12 pin-8	接地
13	直流充电口温度信号 2	接直流充电口 12 pin-9	模拟信号
14	动力网 CAN 终端电阻并入 2	BMC02-09	CAN 信号
15	快充电信号	接直流充电口 12 pin-3	模拟信号
16	动力网 CANH	整车低压线束动力网	CAN 信号
17	动力网 CANL	整车低压线束动力网	CAN 信号
18	NC		
19	直流充电口温度信号 1	接直流充电口 12 pin-7	模拟信号
20	车载充电感应信号	接充配电总成 33 pin-6	模拟信号
21	车身地	整车低压线束	接地
22	NC		
23	车身 CAN 屏蔽地	整车低压线束	接地
24	直流充电子网 CANH	接直流充电口 12 pin-5	CAN 信号
25	直流充电子网 CANL	接直流充电口 12 pin-4	CAN 信号
26	NC		

2. 电池信息采集器

电池信息采集器相当于电池管理系统的从控板或从控单元,实时采集并上报动力电池电压、温度信息,反馈每一串单体电池的 SOH 和 SOC,同时具备主动/被动均衡电路功能,有效保证了动力电池使用过程中单体电池的一致性。电池信息采集器与电池管理器一样,不同厂家的英文命名有所不同,常见的英文缩写有 BIC、CSC、CMU、CMC 等,其中比亚迪采用的英文缩写为 BIC。

2019 款比亚迪 E5 采用的一个电池信息采集器对应一个电池模组,一共有 11 个电池信息采集器,布置方式如图 3-3-6 所示。

3. 级联转换模块

级联转换模块也称为通信转换模块,主要是将电池信息采集器的信息传递到电池管理器。

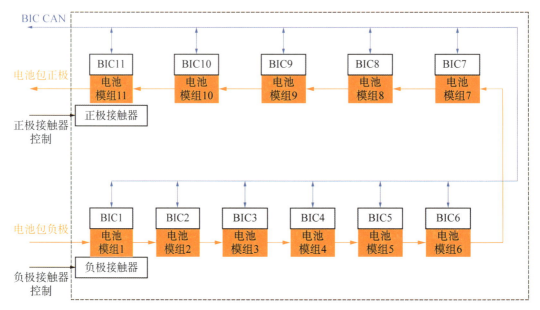

图 3-3-6 2019 款比亚迪 E5 BIC 布置方式

4. 电池信息采样线

电池信息采样线是电压、温度检测集成电路到电池信息采集器(BIC)之间的连接线,主要用于将采集的电压、温度信息传送给电池信息采集器(BIC)。

5. 电压、温度检测集成电路

电压、温度检测集成电路主要用于检测电池模组中单体电池的电压和温度信息,一个电池模组配有一组电压、温度检测集成电路。2019 款比亚迪 E5 一共有 11 个电池模组,其中有 10 个模组由 10 个单体电池串联而成,1 个模组由 8 个单体电池串联而成,下面以 10 个单体电池串联而成的电池模组为例展示其电压、温度检测集成电路,如图 3-3-7 所示。

6. 高压管理模块

2019 款比亚迪 E5 的高压管理模块主要包括电流传感器、漏电传感器、高压互锁监测电路、直流充电接触器烧结检测模块。

(1) 电流传感器。比亚迪 E5 都采用霍尔式电流传感器,2018 款在高压电控总成内的直流高压正极电路中,2019 款则在电池包内直流高压正极电路中,如图 3-3-8 所示。它根据霍尔定理原理设计制造,检测电池包高压主电路中充电或放电过程中的电流信息,并将检测到的电流信息转化为电信号传送给电池管理器(BMC)。

2019 款比亚迪 E5 电流传感器有 4 个针脚,含义分别为电源+、电源-、信号和屏蔽,如图 3-3-9 所示。电流传感器按高压导线中流过电流的霍尔感应信号,传输给电池管理器(BMC),以判断高压导线电流的大小("1 V"约对应 100 A)。

(2) 漏电传感器。2019 款比亚迪 E5 的漏电传感器装配在动力电池包内正极回路上,如图 3-3-8 所示。通过监测与动力电池输出相连接的正极母线与车身底盘之间的绝缘电阻

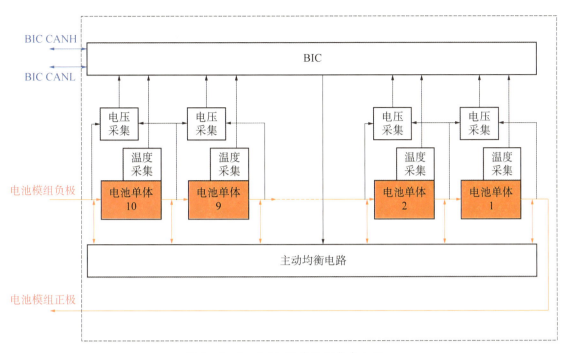

图 3-3-7 电压、温度检测集成电路

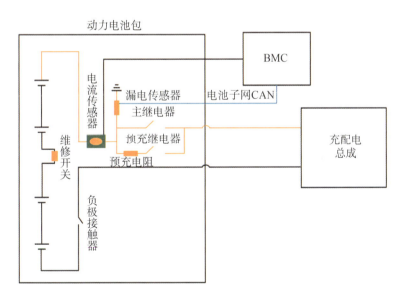

图 3-3-8 电流传感器位置

来判断高压系统是否漏电,漏电传感器将绝缘电阻信息通过电池子网 CAN 发送给电池管理器,电池管理器接收到漏电信号后会根据漏电情况马上报警或马上断开高压系统,防止高压漏电对人或者物品造成伤害和损失。

比亚迪 E5 车型的绝缘阻值标准见表 3-3-3。

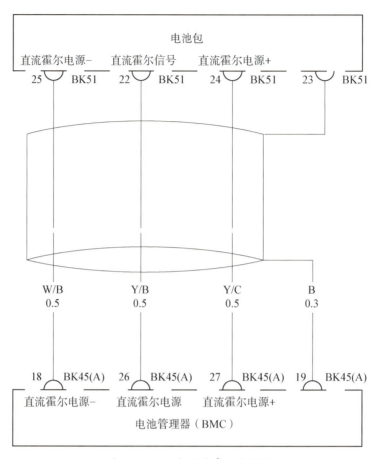

图 3-3-9 电流传感器电路图

表 3-3-3 比亚迪 E5 绝缘阻值标准

R：高压回路正极对车身地等效绝缘阻值	漏电状态		措施
$R>500\,\Omega/V$	正常		无
$100\,\Omega/V<R<500\,\Omega/V$	一般漏电报警		记录保存故障码
$R\leqslant 100\,\Omega/V$	严重漏电保护	行车中	仪表灯亮，断开主接触器、分压接触器、电池包内正极接触器和负极接触器
		停车中	1. 禁止上电 2. 仪表灯亮，报动力系统故障
		充电中	1. 断开交流充电接触器、分压接触器、电池包内正极接触器和负极接触器 2. 仪表灯亮，报动力系统故障

(3) 高压互锁监测电路。互锁监测电路即高压互锁(high voltage inter-lock，HVIL)，也称为"危险电压互锁回路"，是利用低压信号监视高压回路完整性的一种安全设计方法。在比亚迪 E5 的高压互锁电路采用的是占空比信号，且有 2 套互锁线路，分别为高压互锁回路 1 和高压互锁回路 2，如图 3-3-10 所示。

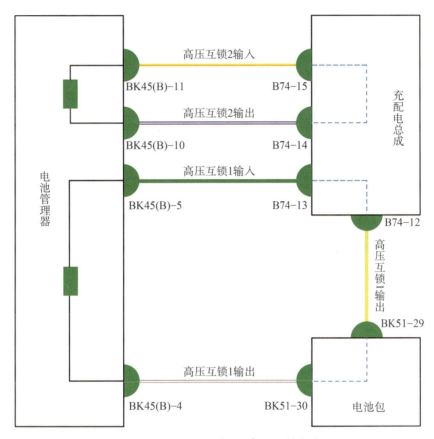

图 3-3-10　比亚迪 E5 高压互锁电路

高压互锁回路 1 由电池管理器、高压电池包、充配电总成(PTC 和空调压缩机)构成。从电池管理器 BK45(B)/4 输出，通过 BK51/30 进入高压电池内，在高压电池包内部经高压母线插接件和维修开关相连，后经 BK51/29 从高压电池包输出，通过 B74/12 进入充配电总成内部，将 PTC 高压插接件和空调压缩机高压插接件串联在一起，由 B74/13 从充配电总成输出，最后经过 BK45(B)/5 回到电池管理器。

高压互锁回路 2 由电池管理器、充配电总成(车载充电机)构成。从电池管理器 BK45(B)/10 输出，然后通过 B74/14 进入充配电总成内部，与交流充电高压插接件串联后，经 B74/15 从充配电总成输出，最后经过 BK45(B)/11 回到电池管理器。

正常情况下，高压互锁回路的输出和输入信号应一致。若 BMC 检测到输入信号与最初输入的信号不一致，则判定互锁回路异常，会控制动力电池下电。

(4) 直流充电接触器烧结检测模块。2019 款比亚迪 E5 充配电总成内部装配有直流充电接触器烧结检测模块,装配位置如图 3-3-11 所示。它主要用于在进入到直流充电确认阶段之前,通过烧结检测模块分别对直流充电正极接触器、直流充电负极接触器进行烧结检测。

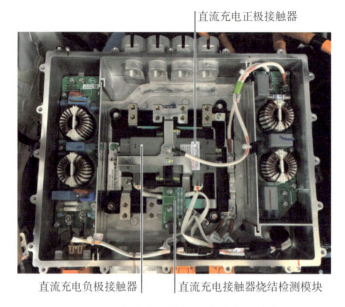

图 3-3-11 直流充电接触器烧结检测模块位置

烧结检测模块主要由光耦元件组成。当检测直流充电正极接触器时,烧结检测模块控制直流充电负极接触器吸合,检测光耦元件是否导通,若导通则说明正极接触器烧结;当检测直流充电负极接触器时,烧结检测模块控制直流充电正极接触器吸合,检测光耦元件是否导通,若导通则说明负极接触器烧结,如图 3-3-12 所示。

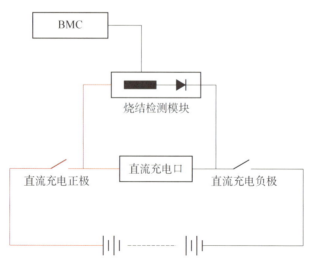

图 3-3-12 烧结检测模块原理简图

烧结检测发生在直流充电确认阶段之前,若接触器烧结发生在充电过程中,则在该充电过程中不会报烧结检测故障。

(二) 系统工作过程

比亚迪 E5 的电池管理系统在工作中可以通过各个传感器对电池的电压、电流、温度进行实时监测,必要时对电池进行漏电检测、热管理、均衡管理和报警提醒等,还能计算电池荷电状态(SOC)和放电功率,报告电池健康状态(SOH)和电池荷电状态(SOC),还能用算法控制最大输出功率以获得最大行驶里程及控制充电机进行最佳电流的充电,并通过 CAN 总线接口与整车控制器、电机控制器、车载显示系统(组合仪表)等进行实时通信。下面我们主要从车辆上电、车辆行驶、交流充电、直流充电、电池热管理五个方面讲解 2019 款比亚迪 E5 电池管理系统的工作过程,如图 3-3-13 所示。

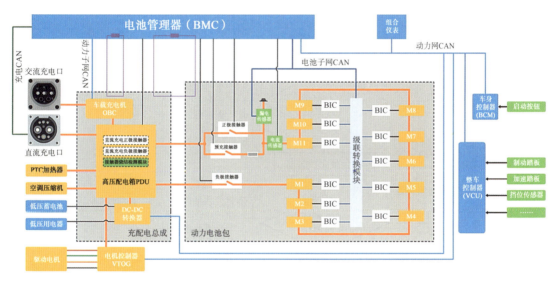

图 3-3-13　2019 款比亚迪 E5 电池管理系统工作过程框图

1. 车辆上电过程

分布式电池管理系统车辆上电工作过程(比亚迪 E5)

在汽车起动时,车身控制器(BCM)检测到起动动作,BCM 控制双路电(IG2 电)为动力网供电,BMC 得电,BCM 通过动力网 CAN 发送起动命令给 BMC 和电机控制器,BMC 收到起动通知后控制负极接触器接通,车辆开始自检,判断是否允许上电。若自检异常(①严重欠电压;②严重过电压;③严重漏电;④严重过温;⑤接触器烧结;⑥高压互锁锁止)则无法上电;若自检通过,BMC 控制预充接触器接通,在确保 DC 无低压告警、无严重漏电信号、电机控制器直流母线电压达到设定值时,预充成功。BMC 控制主接触器接通,同时断开预充接触器,通过充配电总成中的高压配电箱对电机控制器提供高压直流电,同时通过充配电总成中的 DC-DC 转换器为低压电器供电,为低压蓄电池充电。上电成功后,动力网 CAN 向组合仪表发送上电成功信号,组合仪表上 OK 灯点亮,如图 3-3-14 所示。

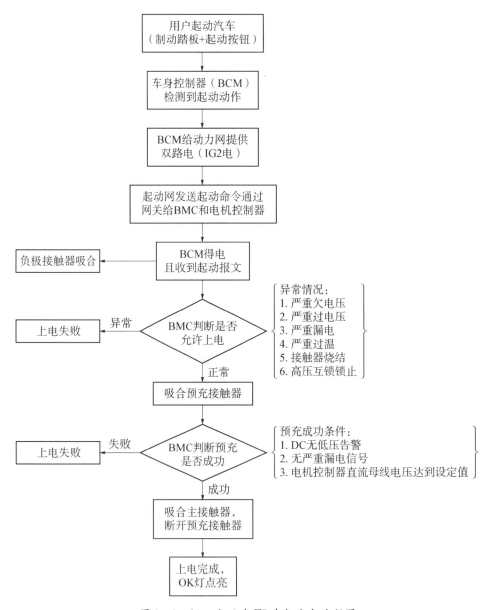

图 3-3-14 比亚迪 E5 车辆上电流程图

分布式电池管理系统车辆行驶工作过程(比亚迪 E5)

2. 车辆行驶过程

(1) 起步/加速状态。当车辆起步/加速行驶时,车辆处于大负荷状态,整车控制器 VCU 检测到挡位传感器的挡位信号以及加速踏板的加速信号,通过动力网 CAN 传递给 BMC,BMC 结合实时检测电池的电压、温度、电量、漏电状态等信号,控制动力电池以较大电流进行放电,且会随着车速的升高,放电电流也会随之变大。同时,电机控制器 IGBT 控制(或根据驾驶信号调整)供给驱动电机三相交流电的电流和频率,从而控制车辆速度和转矩,使车辆正常起步或加速行驶。

(2) 匀速状态。当车辆匀速行驶时,车辆处于比较稳定的中小负荷状态,此时动力电池处于能量型供电过程,其 SOC 提供电量主要为满足长距离行驶,提高行驶里程。因而动力电池会以一个相对稳定的中小电流进行放电,同时,电机控制器根据动力网 CAN 的操作信号给驱动电机提供中小电流且稳定频率的三相交流电,以控制驱动电机匀速运转,从而使车辆保持匀速行驶。

(3) 减速状态(能量回收)。当车辆行驶过程中需要减速或制动时,驾驶员松开加速踏板或者踩下制动踏板,整车控制器(VCU)检测到驾驶员的操作信号及车速信号,通过动力网 CAN 传递给电机控制器(VTOG),动力网 CAN 信息交互后,若判定符合制动能量回收条件,电机控制器(VTOG)控制驱动电机处于发电状态,并将驱动电机发出的三相交流电经过整流、滤波成高压直流电,经充配电总成内部的高压配电箱(PDU)输送至动力电池,为动力电池补充电能。

3. 交流充电过程

当交流充电枪连接到车辆交流充电口后,车载充电机(OBC)检测到充电连接确认的信号,发送允许充电信号给 BMC。BMC 结合电池子网 CAN 以及电流传感器实时采集的动力电池电压、温度、电量(SOC)及寿命(SOH)等状态,确认动力电池的电量需求状况,通过动力网 CAN 向 OBC 发送充电指令。同时 BMC 控制预充接触器和负极接触器导通,紧接着接通正极接触器,断开预充接触器。此时,220 V 的交流电从交流充电口输入,经 OBC 给动力电池充电,同时在仪表上显示相应的充电状态信息。

分布式电池管理系统交流充电工作过程(比亚迪 E5)

在充电过程中,BMC 实时监测充电情况,当充电异常或充电结束时,BMC 给 OBC 发送充电结束信号,并切断正、负极接触器的供电,交流充电系统停止充电。

4. 直流充电过程

当直流充电枪连接到车辆直流充电口,直流充电桩与车辆进行充电连接确认,此时直流充电桩发出 12V 的低压电送到车辆控制器中的 BMC 和 VCU,使其进入工作状态。直流充电桩与其进行信息通信与匹配,信息确认与匹配后,BMC 通过直流充电接触器烧结检测模块,检测直流充电接触器是否烧结,同时 BMC 根据检测到的动力电池的电压、温度、电流等状态信号,判定动力电池状态和充电需求信号,向直流充电设备发送充电需求,直流充电桩根据 BMC 反馈的信息,报送匹配的充电电压和充电电流给 BMC。

分布式电池管理系统直流充电工作过程(比亚迪 E5)

BMC 控制直流充电正极接触器、正极接触器、负极接触器、直流充电负极接触器闭合,直流充电桩提供的高压直流电经 4 个接触器为动力电池补充电能,同时仪表上显示相应的充电信息。

在充电过程中,BMC 实时监测充电情况,当充电异常或充电结束时,BMC 通过充电网 CAN 向直流充电桩发送充电结束信号,直流充电桩控制供电电路断开,同时 BMC 切断正、负极接触器,直流充电正、负接触器的供电,直流充电系统停止充电。

5. 热管理过程

分布式电池管理系统热管理工作过程(比亚迪 E5)

电池管理系统通过对充放电过程中的动力电池进行高温冷却或低温加热,使其维持在合适的工作温度范围。比亚迪 E5 动力电池内部采用水循环方式实现动力电池内外部的热交换,主要包括电池的冷却和加热过程。

电池冷却过程分为被动式冷却和主动式冷却,如图 3-3-15 所示,冷却循环回路可分为电池冷却内循环和电池冷却外循环,被动式冷却主要是指电池冷却内循环回路的工作,主动式冷却是两个回路同时工作,借助空调压缩机的制冷降低板式热交换器的温度,从而降低动力电池的温度。

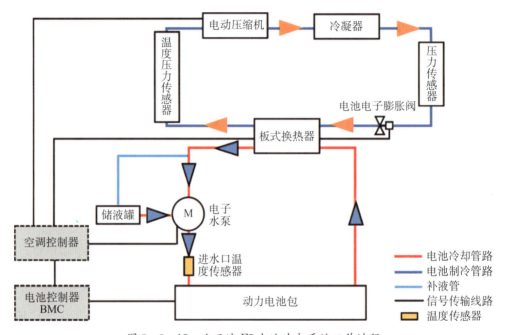

图 3-3-15 比亚迪 E5 电池冷却系统工作过程

电池加热过程主要是通过控制 PTC 加热器和四通水阀工作,将 PTC 加热后的冷却液经四通水阀,流入到电池内部循环环路中,从而对动力电池进行加热,将动力电池的温度提高到正常工作范围内,如图 3-3-16 所示。

二、典型集中式电池管理系统

集中式电池管理系统组成和基本过程(吉利几何 C)

集中式电池管理系统与分布式电池管理系统的最大区别是没有从控单元,且把所有的电池信息检测和控制全部集中在一个主控制器上。

(一) 系统组成

吉利几何 C 采用的是集中式电池管理系统,主要由 1 个电池管理器(BMU,由厂家定义)、高压控制盒(S-BOX)和电池信息采样线组成,如图 3-3-17 所示。

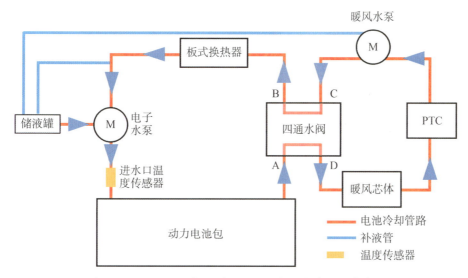

图 3-3-16 比亚迪 E5 电池 PTC 水加热系统工作过程

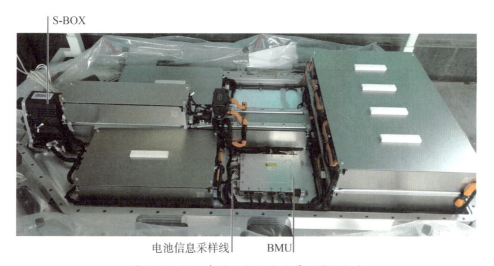

图 3-3-17 吉利几何 C 电池管理系统组成

1. 电池管理器(BMU)

吉利几何 C 的电池管理器(BMU)位于电池包内部,如图 3-3-18 所示。

电池管理器上一共有 13 个插接件,如图 3-3-19 所示。其中 X1 为预留口,X2~X10 连接电池模组的采样线,用于电池内部信息的采集和均衡。电池包内部一共有 17 个电池模组,X2 对应 1 个电池模组,X3~X10 分别对应 2 个电池模组,如图 3-3-20 所示。X11~X13 连接除电池模组采样的其他传感器和控制元件。

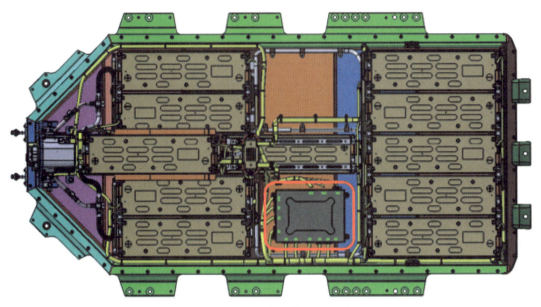

图 3-3-18　电池管理器位置

图 3-3-19　电池管理器插接件实物图

2. 高压控制盒(S-BOX)

高压控制盒也称为高压盒、高压配电盒,主要用于动力电池的高压电与用电设备和充电设备之间的连接,并能通过电压、电流检测点信息,或 BMU 控制指令,对高压电路中的高压继电器进行通、断逻辑控制。吉利几何 C 的高压控制盒主要由主正继电器、主正预充继电器、主负继电器、快充继电器、快充预充继电器、主正预充电阻、快充预充电阻、电流传感器以及 4 个继电器状态电压检测点($U00$、$U1$、$U2$、$U3$)组成,如图 3-3-21 所示。

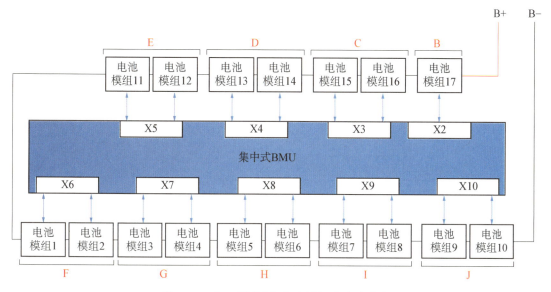

图 3-3-20 BMU 与电池模组的连接关系

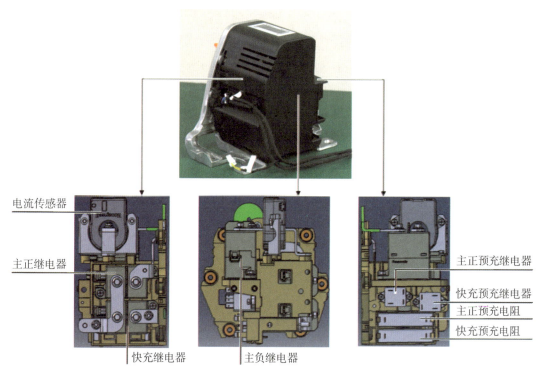

图 3-3-21 高压控制盒结构

高压控制盒(S-BOX)中继电器的驱动由 BMU 控制,主要用于实现充放电高压回路的接通与断开;电流传感器与 BMU 的 CSU 通信模块相连,主要用于电池包的电流检测;4 个电压监测点与 BMU 的高压继电器状态监测模块及绝缘监测模块相连,主要用于高压继电器状态监测以及绝缘监测,如图 3-3-22 所示。

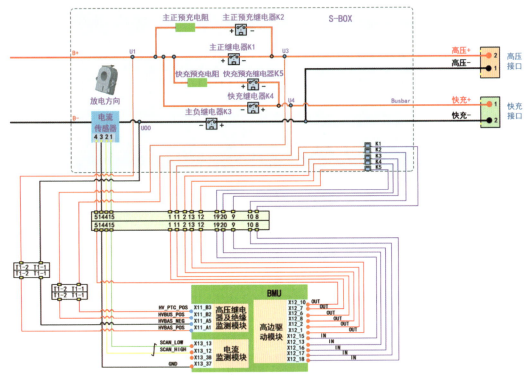

图 3-3-22 BMU 与 S-BOX 电路图

3. 电池信息采样线

吉利几何 C 的电池信息采样线是指电池模组与 BMU 中 BIC 模块之间的连接线，主要用于将采集的电压、温度信息传送给电池管理器（BMU）。电池信息采样线线束呈 U 字形布置，沿箱体边缘走线，借用模组端板和箱体底板开孔固定，布置整齐简洁，不需要额外增加结构件，如图所示 3-3-23 所示。

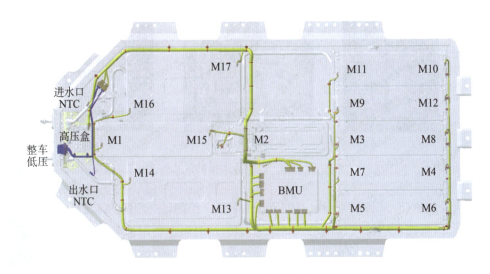

图 3-3-23 电池信息采样线布置图

以电池模组 M11 和 M12 采样线为例，展示采样线与电池模组具体的连接关系，如图 3-3-24 所示。

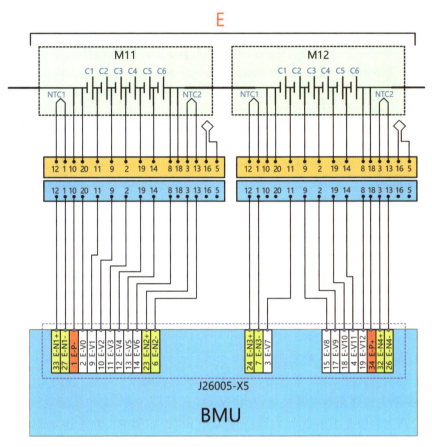

图 3-3-24　电池模组 M11 和 M12 的采样线关系图

(二) 系统工作过程

电池管理系统工作时，实时监测动力电池的电压、温度、电流、互锁、绝缘、继电器状态等信息。另外，BMU 也会监测交流充电或直流充电信号，以判断是否有充电请求。与此同时，起动按钮、制动开关、加速踏板等车辆操作信号送给整车控制器 (VCU)，分析处理后，通过 BHCAN 送给电池管理器 (BMU)。电池管理器 (BMU) 根据采集到的电池状态信息、充电请求信息以及整车控制器的车辆操作信号，判定动力电池的状态和车辆工况，控制动力电池的主正预充、主负和主正继电器工作，从而实现动力电池的放电、能量回收和交流充电，或者控制动力电池的快充预充、主负和快充继电器工作，从而实现动力电池的直流充电。下面我们主要从车辆上电、车辆行驶、交流充电、直流充电、智能补电、预约充电、电池热管理、高压安全管理八个方面讲解吉利几何C电池管理系统的工作过程，如图 3-3-25 所示。

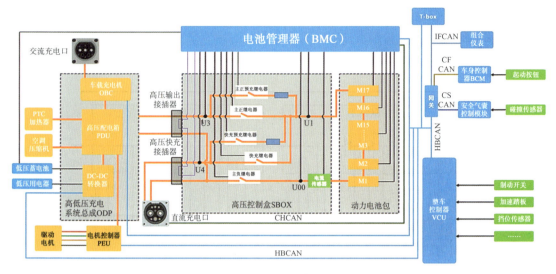

图 3-3-25 吉利几何 C 电池管理系统工作过程框图

1. 车辆上电过程

在汽车起动时,车身控制器(BCM)检测到起动动作,BCM 控制双路电(IG2 电)为电池管理器(BMU)和电机控制器(PEU)供电,BMU 得电,BCM 通过 HBCAN 发送起动命令给 BMU 和 PEU,BMU 收到起动通知后控制主负继电器接通,车辆开始自检,判断是否允许上电。若自检异常(①严重欠电压;②严重过电压;③严重漏电;④严重过温;⑤继电器烧结;⑥高压互锁锁止)则无法上电;若自检通过,BMU 控制主正预充继电器接通,在确保 DC 无低压告警、无严重漏电信号、PEU 的电压与 BMS 反馈的电压差小于 20 V 时,预充成功。BMU 控制主正继电器接通,同时断开快充预充继电器,通过高低压充电系统总成中的高压配电箱为电机控制器(PEU)提供高压直流电,同时通过高低压充电系统总成中的 DC-DC 转换器为低压电器供电,为低压蓄电池充电。上电成功后,HBCAN 通过网关、IFCAN 向组合仪表发送上电成功信号,组合仪表上 READY 灯点亮,如图 3-3-26 所示。

2. 车辆行驶过程

(1)起步/加速状态。当车辆起步/加速行驶时,车辆处于大负荷状态,整车控制器(VCU)检测到挡位传感器的挡位信号以及加速踏板的加速信号,通过 HBCAN 传递给 BMU,BMU 结合实时检测电池的电压、温度、电量、漏电状态等信号,控制动力电池以较大电流进行放电,且会随着车速的提高,放电电流也会随之变大。同时,电机控制器 IGBT 控制(或根据驾驶员信号调整)供给驱动电机三相交流电的电流和频率,从而控制车辆速度和转矩,使车辆正常起步或加速行驶。

(2)匀速状态。当车辆匀速行驶时,车辆处于比较稳定的负荷状态,此时动力电池处于能量型供电过程,其 SOC 提供电量主要为了满足长距离行驶,提高行驶里程。因而动力电池会以一个相对稳定的放电电流进行放电,同时,电机控制器根据 HBCAN 的操作信号给驱动

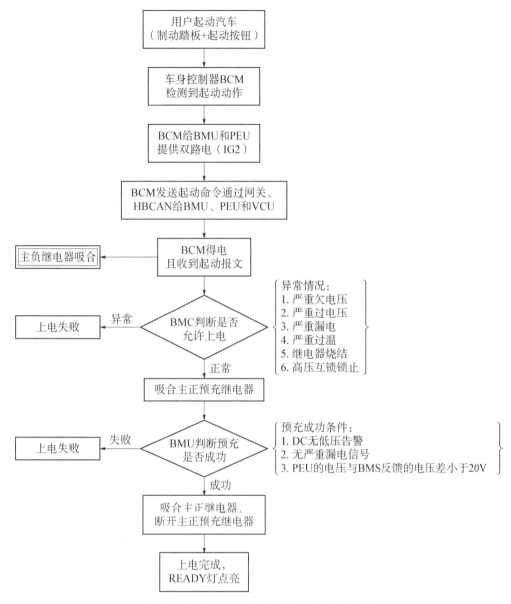

图 3-3-26 吉利几何 C 车辆上电流程图

电机提供中小电流且频率稳定的三相交流电,以控制驱动电机匀速运转,从而使车辆保持匀速行驶。

(3) 减速状态(能量回收)。当车辆行驶过程中需要减速,驾驶员松开加速踏板或者踩下制动踏板时,整车控制器(VCU)检测到驾驶员的操作信号以及车速信号,通过 HBCAN 传递给电机控制器(PEU),HBCAN 信息交互后,若判定符合制动能量回收条件(系统部件无故障;车速大于 7 km/h;电池电量小于 95%;车辆稳定行驶,无紧急制动、紧急转向等紧急操作),电机控制器(PEU)控制驱动电机处于发电状态,并将驱动电机发出的三相交流电经过整流、滤波成高压直流电,经高低压充电系统总成内部的高压配电箱(PDU)输送至动力电池,为动力电池补充电能。

3. 交流充电过程

集中式电池管理系统交流充电工作过程(吉利几何C)

当交流充电枪连接到车辆交流充电口后,车载充电机(OBC)检测到充电连接确认信号,发送允许充电信号给电池管理器(BMU)和整车控制器(VCU),整车控制器(VCU)判断可充电后,发送充电指令给BMU(VCU接收到P位或EPB锁止状态;车速小于2km/h)。BMU接收到VCU发送的充电指令后,向OBC发送充电指令,并根据电池状态与充电桩充电输出能力给OBC发出请求充电电流与电压,同时控制主正预充继电器和主负继电器导通,预充结束后,接通主正继电器,断开主正预充继电器。此时OBC接收到BMU的充电指令后启动充电,并根据BMU发送的充电电流与电压,将电网输出的220V交流电升压和整流后给动力电池充电,同时在仪表上显示相应的充电状态信息。

在充电过程中,电池管理器(BMU)实时监测充电情况,当充电异常或充电结束时,电池管理器(BMU)给OBC发送充电结束信号,并切断主正、主负继电器的供电,交流充电系统停止充电。

4. 直流充电过程

集中式电池管理系统直流充电工作过程(吉利几何C)

当直流充电枪连接到车辆直流充电口,直流充电桩与车辆进行充电连接确认,直流充电桩发出12V的低压电送到车辆控制器中的BMU和VCU,使其激活并进入工作状态。直流充电桩与BMU进行信息通信与匹配,信息确认与匹配后,BMU根据动力电池的电压、温度、电流等状态信号,判定动力电池状态和充电需求,并向直流充电设备发送充电需求,直流充电桩根据BMU反馈的信息,报送匹配的充电电压和充电电流给BMU。

BMU先控制快充预充继电器和主负继电器闭合,再控制快充继电器闭合,快充预充继电器断开,直流充电桩提供的高压直流电经快充继电器为动力电池充补充电能,同时仪表上显示相应的充电信息。

在充电过程中,BMU实时监测充电情况,当充电异常或充电结束时,BMU通过CHCAN向直流充电桩发送充电结束信号,直流充电桩控制供电电路断开,同时BMU切断直流充电正、负接触器的供电,直流充电系统停止充电。

5. 智能补电过程

集中式电池管理系统智能补电工作过程(吉利几何C)

车辆在下电状态时,电池管理器(BMU)周期性检测低压蓄电池的电压,即每隔1.5h检测一次。当检测到低压蓄电池的电压在10~12.3V范围内,发送补电请求至整车控制器(VCU)。VCU通过HBCAN将补电指令发送给BMU,在BMU监测到动力电池SOC不低于10%的情况下,控制动力电池内部的高压继电器闭合,动力电池的高压电供给DC-DC转换器,此时VCU给DC-DC转换器发送工作允许指令,DC-DC转换器将动力电池的高压直流电转换为低压直流电为低压蓄电池补电。在智能补电过程中,若BMU检测到动力电池SOC降为10%以下,BMU则会控制高压继电器断开,停止补电。

补电完成后,即 BMU 检测到低压蓄电池的电压在 12.3 V 以上,BMU 发送结束补电信息至 VCU,VCU 通过 HBCAN 将补电结束指令发送给 BMU,BMU 控制高压继电器断开,切断高压供电,同时 VCU 发送停止工作指令至 DC-DC 转换器,DC-DC 转换器停止工作。

6. 预约充电过程

预约充电主要是针对交流充电,当车主通过车辆电子显示屏或手机 App 设置预约充电模式,可设置充电开始时间和充电上限。设置完成后,T-Box(车载终端)将预约充电需求发送给电池管理器(BMU),BMU 检测到电池管理系统以及 OBC 无影响交流充电故障时,充电预约设置成功;否则充电预约设置失败,并将失败信息发送给 T-Box,之后车辆电子显示屏或手机 App 会提示车主预约设置失败信息。

集中式电池管理系统预约充电工作过程(吉利几何 C)

预约充电设置成功后,将交流充电枪连接到车辆交流充电口,此时车辆交流充电不会被唤醒,只有当设置的预约充电时间达到后,电池管理器(BMU)才会通过 CAN 通信唤醒 VCU 和 OBC,之后进入交流充电过程。当动力电池电量达到设置的充电上限时,停止交流充电。

7. 热管理过程

为了保证动力电池充放电过程中处于良好的工作状态,电池管理器(BMU)实时监测动力电池包的温度信号,并通过对动力电池包进行高温冷却或低温加热,使其维持在合适的工作温度范围。吉利几何 C 动力电池内部采用水循环方式实现动力电池内外部的热交换,主要包括电池的冷却和加热过程。

集中式电池管理系统热管理过程(吉利几何 C)

(1)电池冷却过程。当动力电池温度超过设定值时,电池管理器(BMU)控制空调压缩机、电磁阀以及电动水泵工作,并通过热交换器,带走动力电池中循环的冷却液中的热量,从而将动力电池的温度控制在正常范围内,使动力电池具有最佳的工作状态,如图 3-3-27 所示。

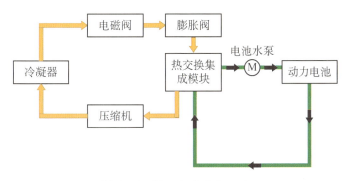

图 3-3-27 电池冷却回路

(2)电池加热过程。当动力电池在较低的环境温度下工作时,较低的动力电池温度会影响电池的储存、放电或充电性能,因此需要通过加热回路对动力电池进行适当加热。吉利几何 C 的电池加热有两条回路:驱动电机行车加热回路和 PTC 加热回路。其中驱动电机行车加热回路是通过控制通过三通阀、电机水泵、四通阀、电池水泵工作,将电机水循环回路中温度较高的冷却液通过四通阀进入到动力电池的内部循环回路中,对动力电池进行加热,以将动力电池的温度提高到正常范围内,如图3-3-28所示。

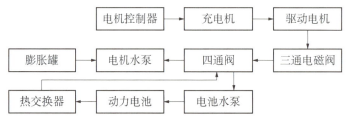

图3-3-28 驱动电机行车加热回路

PTC加热回路则是通过控制PTC加热器工作,加热经热交换器液态循环管路的冷却液,从而加热动力电池内部循环回路的冷却液,以将动力电池的温度提高到正常范围内,如图3-3-29所示。

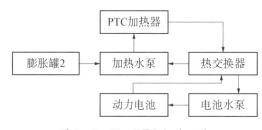

图3-3-29 PTC加热回路

集中式电池管理系统高压安全管理过程(吉利几何C)

8. 高压安全管理过程

高压安全管理主要是指高压互锁检测、绝缘检测(漏电检测)、高压继电器检测和碰撞检测。

(1)高压互锁检测。吉利几何C的高压互锁主要有两条回路:BMS高压互锁检测回路和VCU高压互锁检测回路,如图3-3-30所示。这里主要介绍BMS高压互锁检测回路:电池管理器发出PWM信号,经过高压输出插接器、高压快充插接器回到电池管理器,电池管理器根据输出与输入的互锁信号是否一致来判定高压输出插接器、高压快充插接器的连接情况,当互锁回路中任何位置出现断路,电池管理器会紧急控制高压继电器断电,从而使车辆高压系统断电或不能正常上电。

(2)绝缘检测。电池管理器通过S-BOX中的4个高压监测点(U00、U1、U3、U4)进行检测,BMU自身有接地,通过BMU内置的绝缘电阻进行绝缘检测。在动力电池对外继电器全部断开的状态下,绝缘检测范围为电池包内部的绝缘信息,此状态下不能检测电池包外部绝缘;在上电或放电状态下,绝缘检测范围为整车高压回路,包括电池包内部和整车高压回路的绝缘性能;在快充状态下,绝缘检测范围为整车高压回路和快充的高压回路,包括电池包内部、整车高压回路、快充充电桩的绝缘性能。

(3) 高压继电器检测。电池管理器通过 S‐BOX 中的 4 个高压监测点(U00、U1、U3、U4),检测各继电器的工作状态,从而判断各继电器是否粘连或者损坏。

(4) 碰撞检测。当行驶中的车辆发生碰撞时,碰撞传感器将信号传递给安全气囊控制模块,通过网关以及 CAN 通信传送给电池管理器(BMU),BMU 紧急控制高压继电器断电,从而使车辆高压系统断电。

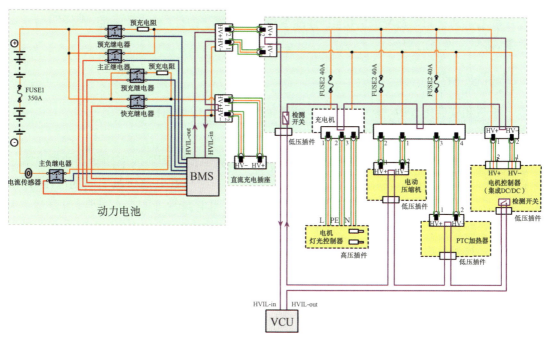

图 3‐3‐30 吉利几何 C 高压互锁回路

三、典型电池管理系统检修

电池管理系统不但与电池密切相关,也与整车系统有着密切联系,在所有故障当中,相对其他系统,其故障率较高,也较难处理。电池管理系统的检测要遵循由易到难、由外到内、由电气部件到机械部件的原则,并且一般以利用设备进行不解体的检修优先。下面归纳了处理电池管理系统故障时的一些常用检修方法。

(一) 电池管理系统诊断仪检测

连接诊断仪至车辆诊断接口上,打开车辆电源开关,使用故障诊断仪读取"电池管理系统"相关故障码和数据流,根据故障码和数据流分析电池管理系统的工作状态,主要需要读取的数据有:动力电池电压、电流、绝缘、温度、高压互锁、各接触器状态等数据。另外也可以通过故障诊断仪的"动作测试"功能,依次对预充接触器、正极接触器、负极接触器、充电接触器等接触器进行动作测试,检查其是否能正常吸合。

(二) 电池管理系统电路检测

1. 电源电路检测

(1) 熔丝检测。查阅维修手册和相关电路图,找到电池管理器电源电路的熔丝,打开车辆电源开关,使用万用表电压挡分别检测熔丝输入端和输出端与蓄电池负极之间的电压,标准值应在 11~14 V 之间,若检测值不在标准范围内,则需进一步检查熔丝本体。拆下熔丝,用万用表电阻挡检测熔丝两端的电阻,标准值应<1 Ω,若检测值不符合标准,则说明熔丝本体故障,需要更换新的熔丝。

拆下和安装熔丝时,需关闭车辆电源开关,并断开蓄电池负极。

(2) 电源线检测。查阅维修手册和相关电路图,找到电池管理器线束插接器的供电端子位置,打开车辆电源开关,使用万用表电压挡检测供电端子与蓄电池负极之间的电压,标准值应在 11~14 V 之间,若检测值不在标准范围内,则说明电源线可能存在异常,需要对线束进行导通性测试。关闭车辆电源开关,断开低压蓄电池负极,使用万用表电阻挡检测电源熔丝至线束插接器供电端子线束之间的电阻,标准值应<1 Ω,若检测值不符合标准,则说明电源线存在故障,需维修或更换相关线束。

(3) 搭铁线检测。查阅维修手册和相关电路图,找到电池管理器线束插接器的搭铁端子位置,关闭车辆电源开关,断开蓄电池负极,使用万用表电阻挡检测线束插接器搭铁端子至车身搭铁点之间的电阻,标准值应<1 Ω,若检测值不符合标准,则说明搭铁线存在故障,需维修或更换相关线束。

2. CAN 通信电路检测

查阅维修手册和相关电路图,找到电池管理器的 CAN 信号电路,通常 CAN 信号电路不止一组,下面就以一组 CAN 信号电路讲解其检测方法。CAN 信号电路一般有 CAN-H 通信线、CAN-L 通信线和终端电阻组成。

(1) 终端电阻检测。查找维修手册和相关电路图,找到电池管理系统 CAN 网络终端电阻的两端子,利用万用表的电阻挡检测终端电阻两端子之间的电阻,标准值应为 120 Ω 左右,若测量值不符合标准,则需更换新的终端电阻。

(2) CAN 通信电路检测。CAN 通信电路检测通常有两种方法:电压检测法和波形检测法。通常为保证电压检测法更为精准,也会通过波形检测进行二次验证。

① 电压检测法。查阅维修手册和相关电路图,找到需要检测的 CAN 通信电路,打开车辆电源开关,使用万用表检测电池管理器 CAN-H 端子与车身搭铁/蓄电池负极之间的电压,标准值应在 2.5~3.5 V 之间,若测量值不符合标准,则说明 CAN-H 通信线可能存在异常,需要进一步检修。

使用万用表检测电池管理器 CAN-L 端子与车身搭铁/蓄电池负极之间的电压,标准值应在 1.5～2.5 V 之间,若测量值不符合标准,则说明 CAN-L 通信线可能存在异常,需要进一步检修。

② 波形检测法。通常使用手持示波仪对电池管理系统的通信波形进行检测。在进行通信波形检测时,先将手持示波器的第一通道的红色测量端子接 CAN-H 线,另一个通道的红色测量端子接 CAN-L 线,黑色测量端子接地,之后读取 CAN-H 通信线和 CAN-L 通信线输出的波形信号,根据波形情况调整波形的位置和单位,最后截取部分波形进行观察,正常情况下波形应为标准的方波信号,CAN-H 波形和 CAN-L 波形应呈上下对称,波形应平整无毛刺,若测量出的 CAN-H 波形和 CAN-L 波形发生异常畸变,结合检测结果,可判定 CAN-H 通信线和 CAN-L 通信线存在断路,需维修或更换线束。

3. 互锁电路检测

电池管理系统互锁电路可能存在的故障有:插接器故障、互锁线束故障、电池管理器故障。

查阅维修手册和相关电路图,找到电池管理系统的互锁电路,并确认相关插接器和线束。

(1) 插接器和线束检查。目视检查电路中相关线束插接器及线束是否有破损、变形,若存在以上情况,需整体更换线束。检查各插接器安装是否到位,若安装不到位,则需要重新安装到位。

(2) 互锁电路检测。在进行互锁电路检测时,首先要确认电池管理器是否能正常输出互锁信号、正常接收互锁信号。使用示波器检测电池管理器输出端和输入端的互锁信号波形,若波形一致,则说明互锁电路正常;若输出端无波形或者与正常波形不一致,则说明电池管理器不能正常发出高压互锁信号波形,需维修或者更换电池管理器。若输出端波形正常,输入端无波形或者波形异常,则需要进一步检查互锁回路各线路通断情况。

(三) 电池管理系统主要部件检修

电池管理系统主要由电池管理器、电池信息采集器(分布式电池管理系统)和电池信息采样线组成。这里主要介绍电池管理器和电池信息采样线的检测。

1. 电池管理器检测

(1) 外观及连接线缆检查。目视检查电池管理器外壳是否有外伤、变形、腐蚀等情况;检查电池管理器各个外接端口是否存在破损、变形、腐蚀等情况;检查端口中端子是否出现断裂、损坏、缺失等情况。若存在以上情况则需要更换新的电池管理器。

电池管理器连接电缆接头接触不良、线束腐蚀、断裂或外部屏蔽损坏都会导致电池管理器无法正常工作,需要对其电缆进行更换。

(2) 替换法检测。判断电池管理器是否存在故障最常用的方法就是替换法验证,更换新的电池管理器,验证故障是否存在。若故障消失,则说明电池管理器存在故障;若故障依然存在,则需排查其他部件。

2. 电池信息采样线检测

判定电池信息采样线是否有故障的方法大概有以下两种。

（1）利用诊断仪读取各单体电池的电压值，若单体电池电压数据中存在一个低电压（接近0 V）和一个高电压值，即可初步判定采样线出现掉线故障，可以检查采样线线束插接器是否有松动。若有松动，则需要复位；若无松动，则需进一步检查数据异常单体电池的电压是否正常。若单体电池电压正常，则说明采样线存在故障，需要整体更换电池模组。

（2）目视检测法。采样线上每个单体电池都有一个熔丝，一旦采样线发生短路故障，熔丝会烧断，从外观看，熔丝位置会出现鼓包现象。发生这种情况，则需要整体更换该电池模组的采样线；如无法单独更换采样线，则需整体更换电池模组。

实训1　电池管理系统检修（比亚迪E5）

请扫描二维码，查看"电池管理系统检修（比亚迪E5）"技能视频，结合视频内容及相关资料，规范地完成电池管理系统检修的实训。

电池管理系统检修（比亚迪E5）

◆ **实训准备**

（1）设备：2019款比亚迪E5整车、故障诊断仪。

（2）工具：①常用工具：世达150件工具套装；②测量工具：万用表；③专用工具：208接线盒。

（3）防护用品：绝缘鞋、绝缘工作服、劳保手套。

（4）资料：维修手册、技能视频、学习工作页。

◆ **安全操作规范**

（1）按照规范做好车辆防护。

（2）操作中，请正确选择并规范地使用相关拆装和测量工具。

◆ **实训步骤**

一、电池管理系统在线检测

（1）组装诊断仪套件，如图3-3-31所示，连接诊断仪至车辆诊断接口上，打开车辆电源至ON挡。

（2）打开诊断仪，选择"车型诊断"，点击"汽车诊断"，选择"比亚迪E5"，点击"按系统测试"，选择"动力网"，选择"电池管理系统"。

（3）待车辆通信完成后，读取电池管理系统相关故障码，如图3-3-32所示。

项目三 电池管理系统组成原理与检修 231

图 3-3-31 组装诊断仪套件

图 3-3-32 读取故障码

（4）为确保读取的为当前故障码，需清除后再次读取，从而确认电池管理系统有无故障码存在。

（5）读取动力电池以下相关数据流：电池电压、电流、绝缘、温度，判断动力电池状态是否正常。

（6）退出诊断仪界面，关闭诊断仪，关闭车辆电源开关至 OFF 挡。

（7）拔下诊断接口，取下诊断仪套件。

二、电池管理器电路检测

根据电路图，如图 3-3-33 所示，可知 F1/7 为常电熔丝，F1/18 为 IG 电熔丝；电池管理器的 BK45(A)/28、BK45(B)/1、BK45(B)/8 端子都为供电端；BK45(A)/2、BK45(B)/21 端子都为接地端。

1. 电池管理器熔丝检测

（1）打开熔丝盒盖，找到 F1/7 熔丝。

（2）取出数字万用表并校准，确保可用。

（3）将数字万用表旋转至直流电压挡，红表笔接 F1/7 熔丝输入端，黑表笔接蓄电池负极，如图 3-3-34 所示，测量其电压值。

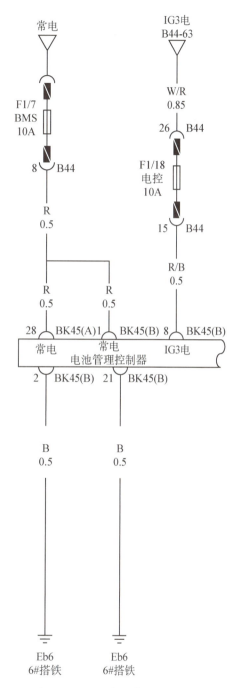

图 3-3-33 电池管理器电路图

图 3-3-34　检测熔丝 F1/7

（4）红表笔接 F1/7 熔丝输出端，黑表笔接蓄电池负极，测量其电压值。

（5）若测得值与标准值不符，则说明低压蓄电池存在故障，需要进一步检修；若测得熔丝两端电压值不一致，则需更换熔丝。

检测内容	检测条件	标准值
F1/7 熔丝输入端—蓄电池负极	蓄电池负极需连接	11～14 V
F1/7 熔丝输出端—蓄电池负极	蓄电池负极需连接	11～14 V

（6）打开车辆电源开关至 ON 挡。

（7）以同样的方法检测熔丝 F1/18，若测得值与标准值不符，则说明低压蓄电池存在故障，需要进一步检修；若测得熔丝两端电压值不一致，则需更换熔丝。

检测内容	检测条件	标准值
F1/18 熔丝输入端—蓄电池负极	蓄电池负极需连接	11～14 V
F1/18 熔丝输出端—蓄电池负极	蓄电池负极需连接	11～14 V

（8）安装熔丝盒盖，关闭车辆电源开关至 OFF 挡。

2. 电池管理器电路检测（线束端）

（1）断开电池管理器低压线束接插器。

① 断开蓄电池负极电缆。

② 断开电池管理器低压线束插接器。

（2）电池管理器供电电路检测。电池管理器的 BK45(A)/28、BK45(B)/1、BK45(B)/8 端子都为供电端。

① 安装蓄电池负极电缆。

② 取出数字万用表并校准，确保可用。

③ 将数字万用表旋转至直流电压挡，红表笔接 BK45(A)/28 针脚（线束端），黑表笔接车

身搭铁,测量其电压值,如图3-3-35所示。

图3-3-35 检测电池管理器供电电路通断

④ 待数值稳定后,读取并记录万用表数值,若检测值与标准值不符,则需要进一步检修供电电路。

检测内容	检测条件	标准值
BK45(A)/28针脚—车身搭铁	断开电池管理器低压线束插接器,连接蓄电池负极电缆	11~14 V

⑤ 使用同样的方法检测BK45(B)/1(线束端)针脚电压值,若检测值与标准值不符,则需要进一步检修供电电路。

检测内容	检测条件	标准值
BK45(B)/1针脚—车身搭铁	断开电池管理器低压线束插接器,连接蓄电池负极电缆	11~14 V

⑥ 打开车辆电源开关至ON挡。
⑦ 红表笔接BK45(B)/8针脚(线束端),黑表笔接车身搭铁,测量供电电路电压。
⑧ 待数值稳定后,读取并记录万用表数值,若检测值与标准值不符,则需要进一步检修电池管理器供电电路。

检测内容	检测条件	标准值
BK45(B)/8针脚—车身搭铁	断开电池管理器低压线束插接器,连接蓄电池负极电缆,打开车辆电源开关至ON挡	11~14 V

(3) 电池管理器搭铁电路检测。
① 关闭车辆电源开关至OFF挡,断开蓄电池负极电缆。

② 将数字万用表旋转至电阻挡,红表笔接 BK45(B)/2(线束端),黑表笔接车身搭铁,测量其电阻值,如图 3-3-36 所示。

图 3-3-36　检测电池管理器搭铁电路通断

③ 待数值稳定后,读取电阻值,若测量值与标准值不符,请检查检修电池管理器搭铁线路。

检测内容	检测条件	标准值
BK45(B)/2 针脚—车身搭铁	车辆电源开关调至 OFF 挡,断开蓄电池负极电缆	<1Ω

④ 以同样的方法检测 BK45(B)/21 针脚(线束端)与车身之间的电阻值,若测量值与标准值不符,请检查检修电池管理器搭铁线路。

检测内容	检测条件	标准值
BK45(B)/21 针脚—车身搭铁	车辆电源开关调至 OFF 挡,断开蓄电池负极电缆	<1Ω

(4) 电池管理器 CAN 信号电路检测。

根据图 3-3-37 所示的电路图可知,电池管理器有 3 组通信电路,分别为:
- 动力 CAN:BK45(B)/16 端子为 CAN-H 端、BK45(B)/17 端子为 CAN-L 端。
- 电池子网 CAN:BK45(A)/1 端子为 CAN-H 端、BK45(A)/10 端子为 CAN-L 端。
- 充电网 CAN:BK45(B)/24 端子为 CAN-H 端、BK45(B)/25 端子为 CAN-L 端。

① 安装蓄电池负极电缆,打开车辆电源开关至 ON 挡。
② 将数字万用表旋转至直流电压挡,红表笔接 BK45(B)/16 针脚(线束端),黑表笔接车身,如图 3-3-38 所示,测量 CAN-H 电压值。
③ 待数值稳定后,读取电压值,若电压值不在标准值范围内,需检测动力 CAN 线路。

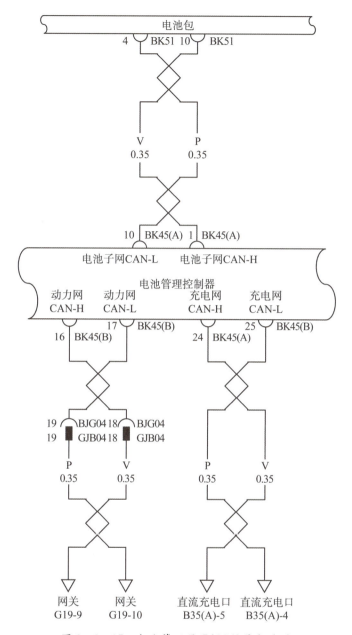

图 3-3-37 电池管理器 CAN 信号电路图

图 3-3-38 测量 CAN-H 电压值

检测内容	检测条件	标准值
BK45(B)/16 针脚—车身	安装蓄电池负极电缆,打开车辆电源开关至 ON 挡	1.5~2.5 V

④ 将数字万用旋转至直流电压挡,红表笔接 BK45(B)/17 针脚(线束端),黑表笔接车身,测量 CAN-L 电压值。

⑤ 待数值稳定后,读取电压值,若测得值不在标准值范围内,需进一步检修动力网 CAN 信号相关线路。

检测内容	检测条件	标准值
BK45(B)/17 针脚—车身	安装蓄电池负极电缆,打开车辆电源开关至 ON 挡	2.5~3.5 V

⑥ 以同样方法完成电池子网 CAN 与充电网 CAN 信号线路的检测,具体检测内容及标准值如下,若测得值不在标准值范围内,需进一步检修相关线路。

检测内容	检测条件	标准值
BK45(A)/1 针脚—车身	安装蓄电池负极电缆,打开车辆电源开关至 ON 挡	1.5~2.5 V
BK45(A)/10 针脚—车身	安装蓄电池负极电缆,打开车辆电源开关至 ON 挡	2.5~3.5 V
BK45(B)/24 针脚—车身	安装蓄电池负极电缆,打开车辆电源开关至 ON 挡	1.5~2.5 V
BK45(B)/25 针脚—车身	安装蓄电池负极电缆,打开车辆电源开关至 ON 挡	2.5~3.5 V

⑦ 关闭车辆电源开关至 OFF 挡。

(5) 电池管理器互锁检测。

根据图 3-3-39 所示的电路图可知,电池管理器有 2 组互锁电路:

第 1 组互锁电路,从 BK45(B)/4 输出,经电池包、充配电总成等部件,通过 BK45(B)/5 输入。

第 2 组互锁电路,从 BK45(B)/10 输出,经充配电总成,从 BK45(B)/11 输入。

① 断开低压蓄电池负极电缆。

② 取出数字万用表并校准,确保可用。

③ 将万用表红黑表笔经跨接线分别连接至 BK45(B)/4 和 BK45(B)/5 针脚(线束端),测量其电阻值,如图 3-3-40 所示。

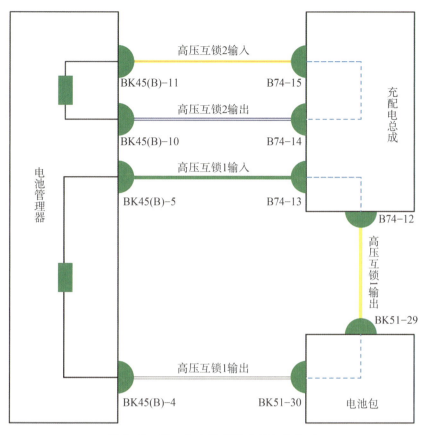

图 3-3-39 电池管理器互锁电路检测

④ 待数值稳定后,读取电阻值,若电阻值大于1Ω,请检查互锁相关线路。

检测内容	检测条件	标准值
BK45(B)/4 端子—BK45(B)/5 端子	断开低压蓄电池负极电缆	<1Ω

⑤ 将万用表红黑表笔经跨接线分别连接至 BK45(B)/10 和 BK45(B)/11 针脚(线束端),测量电池管理器第二组互锁电路电阻,如图 3-3-41 所示。

图 3-3-40 测量第一组互锁线路电阻

图 3-3-41 测量第二组互锁线路电阻

⑥ 待数值稳定后,读取电阻值,若测得值与标准值不符,则需检修互锁相关线路。

检测内容	检测条件	标准值
BK45(B)/10 端子—BK45(B)/11 端子	断开低压蓄电池负极电缆	<1Ω

三、电池管理系统复检

(1) 再次使用诊断仪进入电池管理系统。
(2) 查看电池管理系统相关故障码,并确认无电池管理系统相关故障码存在。
(3) 若有相关故障码存在,需根据故障码进行相关系统检修。

◆ 整理清洁

按照7S管理标准,整理工具、场地和设备。

实训2　电池管理器拆装与检测(比亚迪E5)

请扫描二维码,查看"电池管理器拆装与检测(比亚迪E5)"技能视频,结合视频内容及相关资料,规范地完成电池管理器拆装与检测的实训。

电池管理器拆装与检测(比亚迪 E5)

◆ 实训准备

(1) 设备:2019款比亚迪E5整车、工作台。
(2) 工具:①常用工具:世达150件工具套装;②测量工具:万用表;③专用工具:208接线盒。
(3) 防护用品:绝缘鞋、绝缘工作服、劳保手套。
(4) 资料:维修手册、技能视频、学习工作页。

◆ 安全操作规范

(1) 按照规范做好车辆防护。
(2) 操作中,请正确选择并规范地使用相关拆装和测量工具。

◆ 实训步骤

一、电池管理器拆卸

(1) 断开低压蓄电池负极电缆。

(2) 使用 10 mm 套筒、棘轮扳手组合工具拆卸电池管理器一侧的 1 颗固定螺栓,并用手取下,如图 3-3-42 所示。

(3) 以同样方法拆卸电池管理器另外一侧的 2 颗固定螺栓,并用手取下。

(4) 依次断开电池管理器 2 个线束插接器,如图 3-3-43 所示。

图 3-3-42 拆卸电池管理器固定螺栓

图 3-3-43 断开电池管理器插接器

(5) 取下电池管理器,并妥善放置。

二、电池管理器检测

1. 外观检查

(1) 目视检查电池管理器外观是否有损坏等现象。

(2) 检查电池管理器针脚是否有弯曲、变形等现象。

2. 电池子网 CAN 终端电阻检测

(1) 取出数字万用表并校准,确保可用。

(2) 红表笔和黑表笔分别接 BK45(A)/10 针脚和 BK45(A)/1 针脚,测量其电阻值,待数值稳定后,读取电阻值,如图 3-3-44 所示。

(3) 若测得的数值与标准值差异很大,需更换电池管理器。

图 3-3-44 检测电池子网 CAN 终端电阻

图 3-3-45 检测充电网 CAN 终端电阻

检测内容	检测条件	标准值
BK45(A)/10—BK45(A)/1	万用表调至电阻挡	<120Ω

3. 充电网 CAN 终端电阻检测

（1）红表笔和黑表笔分别接 BK45(B)/25 针脚和 BK45(B)/24 针脚,测量其电阻值,待数值稳定后,读取电阻值,如图 3-3-45 所示。

（2）若测得的数值与标准值差异很大,需更换电池管理器。

检测内容	检测条件	标准值
BK45(B)/25—BK45(B)/24	万用表调至电阻挡	<120Ω

三、电池管理器安装

（1）依次安装电池管理器 2 个线束插接器,如图 3-3-46 所示。

（2）用手旋入电池管理器 3 颗固定螺栓,并用 10 mm 套筒、棘轮扳手组合工具拧紧。

（3）安装低压蓄电池负极。

图 3-3-46　依次安装 2 个线束插接器

◆ 整理清洁

按照 7S 管理标准,整理工具、场地和设备。

本任务介绍了典型分布式电池管理系统的组成和工作过程、典型集中式电池管理系统的组成和工作过程、典型电池管理系统检修、电池管理系统检测维修(比亚迪 E5)、电池管理

器拆装与检测(比亚迪 E5)。

2019 款比亚迪 E5 采用的是分布式电池管理系统,主要由 1 个电池管理器(BMC)、11 个电池信息采集器(BIC)、级联转换模块、1 套电池信息采样线、11 组电压及温度检测集成电路和高压管理模块组成。电池管理系统在工作中可以通过各个传感器对电池的电压、电流、温度进行实时监测,必要时对电池进行漏电检测、热管理、均衡管理和报警提醒等,还能计算剩余容量(SOC)和放电功率,报告电池健康状态(SOH)和电池荷电状态(SOC),还能用算法控制最大输出功率以获得最大行驶里程及控制充电机进行最佳电流的充电,并通过 CAN 总线接口与整车控制器、电机控制器、车载显示系统等进行实时通信。在任务中主要从车辆上电、车辆行驶、交流充电、直流充电、电池热管理几个方面详细介绍了其工作过程。

吉利几何 C 采用的是集中式电池管理系统,主要由 1 个电池管理器(BMU)、高压控制盒(S-BOX)和电池信息采样线组成。在电池管理系统工作时,动力电池内的各种传感器实时检测电池模组和单体电池的电压、温度等信号,并通过电池信息采样线发送给电池管理器(BMU)。另外,BMU 也会监测交流充电或直流充电信号,以判断是否有充电请求。与此同时,起动按钮、制动开关、加速踏板等车辆操作信号送给整车控制器(VCU),分析处理后,通过 BHCAN 送给电池管理器(BMU)。电池管理器(BMU)根据采集到的电池状态信息、充电请求信息以及整车控制器的车辆操作信号,判定动力电池的状态和车辆工况,控制动力电池的主正预充、主负和主正继电器工作,或者控制动力电池的快充预充、主负和快充继电器工作,从而控制动力电池放电或充电工作。本任务主要从车辆上电、车辆驱动、能量回收、交流充电、直流充电、智能补电、预约充电、电池热管理、高压安全管理几个方面详细介绍了其工作过程。

电池管理系统的检测要遵循由易到难、由外到内、由电气部件到机械部件的原则,并且一般以利用设备进行不解体的检修优先。本任务主要介绍了电池管理系统在线检测、电池管理系统电路检测和电池管理系统主要部件的检修方法。

电池管理系统检测维修(比亚迪 E5)的主要步骤:电池管理系统在线检测、电池管理器电路检测和电池管理系统复检。

电池管理器拆装与检测(比亚迪 E5)的主要步骤:电池管理器拆卸、电池管理器检测和电池管理器安装。

任务练习

一、判断题

1. 2019 款直流充电接触器烧结检测发生在直流充电过程中,若在充电过程中发生烧结,则会报烧结检测故障。(   )
2. 集中式电池管理系统与分布式电池管理系统的最大区别是没有从控单元,且把所有的电池信息检测和控制全部集中在一个主控制器上。(   )
3. 吉利几何 C 的预约充电功能既可以用于交流充电又可以用于直流充电。(   )
4. 2019 款比亚迪 E5 的级联转换模块主要用于将电池信息采集器的信息传递到电池管

理器。 （　　）

5. 2019款比亚迪E5一共有11个电池模组,其中有10个模组由10个单体电池串联而成,1个模组由8个单体电池串联而成。 （　　）

二、选择题

1. 2019款比亚迪E5动力电池包内一共有(　　)个电池信息采集器。【单选题】
   A. 4　　　　　　　B. 7　　　　　　　C. 9　　　　　　　D. 11

2. 2019款比亚迪E5高压回路正极对车身地等效绝缘阻值在(　　)范围属于正常。【单选题】
   A. $100\,\Omega/V < R < 500\,\Omega/V$　　　　　　B. $R > 500\,\Omega/V$
   C. $300\,\Omega/V < R < 500\,\Omega/V$　　　　　　D. $R \leq 300\,\Omega/V$

3. 吉利几何C高压控制盒内主要包含以下哪些继电器？(　　)【多选题】
   A. 主正继电器　　B. 主负继电器　　C. 预充继电器　　D. 快充继电器

4. 吉利几何C的电池管理器位于哪里？其上方一共几个插接口？其中有几个为预留口暂未使用？(　　)【单选题】
   A. 动力电池包内;13;2
   B. 低压蓄电池左侧;13;1
   C. 动力电池包内;13;1
   D. 前机舱高低压充电系统总成后方;13;2

5. 吉利几何C动力电池包的PTC水循环加热回路,主要是通过(　　)将外循环的热量传递到动力电池内部水循环回路的。【单选题】
   A. 四通阀　　　　B. 热交换器　　　C. 三通阀　　　　D. 电机水泵

三、简答题

1. 简述分布式电池管理系统与集中式电池管理系统在结构上和工作过程中的不同。
2. 简述吉利几何C低压蓄电池智能补电的工作过程。

项目四 电池热管理系统组成原理与检修

项目概述

新能源汽车上的动力电池起着关键作用。对于动力电池而言,不管电池技术水平多高,遇到极端温度都会出现各种问题,所以电池热管理系统应运而生。电池热管理系统的作用是应对电池的热相关问题,保证动力电池使用性能、安全性和寿命。

本项目主要从两个方面介绍电池热管理系统相关内容:电池热管理系统基本组成与原理、典型电池热管理系统组成与检修。

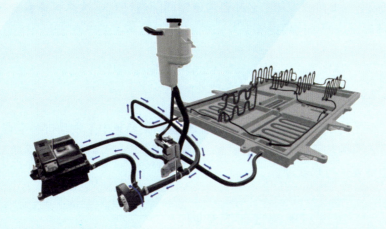

任务 1　电池热管理系统基本组成与原理

1. 了解温度对电池性能的影响。
2. 掌握动力电池热管理系统的功能。
3. 掌握动力电池热管理系统的类型。
4. 掌握动力电池热管理系统组成与工作原理。

某职业院校新能源汽车技术专业的学生,通过前面的学习了解到动力电池系统从组成上包括动力电池包、电池管理系统和电池热管理系统。现班级要深入学习电池热管理系统相关知识。老师提出两个问题:一是电池热管理功能有哪些? 二是电池热管理系统可以通过什么方式完成电池加热或冷却? 老师要求班级同学通过对电池热管理系统基本组成和原理展开学习,整理出这两个问题的答案。

电池热管理系统认知

对于传统燃油汽车而言,整车的热管理主要集中于发动机和空调系统上;而新能源汽车的热管理系统要求更高、更复杂,除了空调系统,电机驱动系统与电池系统也需要进行热管理。

一、温度对电池性能的影响

动力电池温度的高低对动力电池的充放电性能、安全性、使用寿命等均有较大的影响。

(一) 温度对动力电池放电性能的影响

当温度过低时,电池的内阻加大,电化学反应速度放慢,极化内阻迅速增加,放电容量和放电性能下降,电池的功率和能量输出受到影响;反之,当电池温度较高时,电池的放电性能则会有所上升。

(二）温度对动力电池充电性能的影响

在过低温度下对动力电池充电时，可能会导致电压的迅速上升，引发瞬间过充电的现象。锂离子电池在低温充电时，正极锂离子脱出快，负极锂离子向内部的嵌入速度相对较慢，锂金属在电极表面积累生成枝晶，进而导致电池短路；而镍氢电池在低温充电时，储氢负极对氢的吸收速度变慢，氢来不及被储氢合金吸收，就可能会形成氢气，增大电池内压，从而影响电池的安全性能。

（三）温度对荷电保持能力的影响

随着温度的升高，电池的各种化学反应速度加快，自放电加大，储存过程中电池的容量损失也会变大。因此为避免储存时电极发生钝化或腐蚀，使电池性能降低，一般电池在储存时需负荷一定的电量，并对储存的环境温度也有一定限制。

（四）温度对电池循环寿命的影响

当温度过高时，电池容量的衰减速度将增快，而长期在高温条件下工作也将影响电池的循环寿命。

（五）温度对 SOC 的影响

在同样的充放电条件下，电池的温度越高，SOC 差异越大。如果电池组内温度分布不均匀，将会导致充电效率不一样，而由于电池容量的差异，一部分电池很容易产生过充电。相应地在放电过程中，这一部分电池则容易产生过放电。在经过多次充放电循环后，电池之间的性能差异将越来越大，形成恶性循环，并最终导致电池性能下降，可充入的电量减少，电池发热更严重，其安全性降低，寿命缩短。

（六）温度对安全性的影响

温度升高会使物质腐蚀速度加快，达到一定温度会使电极物质、隔膜、电解液等发生分解，从而引发安全隐患。而生产制造环节的缺陷或使用过程中的不当操作等可能会造成电池局部过热，并进而引起连锁放热反应，最终造成烟雾、起火甚至爆炸等严重的热失控事件。此外，过高的温度对动力电池的绝缘性能也会产生影响。因此，将温度控制在一定范围内，是保证动力电池安全性的主要措施。

二、电池热管理系统的功能

动力电池热管理系统是通过导热介质、测控单元和温控设备构成的闭环调节系统，其作用是使动力电池工作在合适的温度范围之内，以维持其最佳的使用状态，保证电池系统的性能和寿命。电池热管理系统的主要功能有监测、冷却、加热、通风和均衡。

（1）监测：电池温度的准确测量和监控。

（2）冷却：电池组温度过高时的有效散热和通风，防止因电池效能下降引起冒烟等热失控事故。

(3) 加热：低温条件下的快速加热，确保低温下充、放电性能和安全性。

(4) 通风：在有害气体产生时的有效通风。

(5) 均衡：均匀分布电池组内部各区域电池的温度，减小温度差异，避免局部高温造成该区域的电池过快衰减，提高电池组整体寿命。

三、电池热管理系统的类型

温度过高或过低都会影响动力电池的性能，因此动力电池的热管理分为冷却管理和加热管理，动力电池的热管理系统也分为冷却系统和加热系统两部分，分别负责对动力电池的冷却和加热。

(一) 动力电池冷却系统

动力电池冷却系统是通过冷却循环系统等执行器对动力电池进行冷却调控的，有些车型还利用了空调系统等辅助装置对动力电池进行冷却，使动力电池处于较佳的温度环境，以保证良好的电池性能。动力电池冷却系统根据冷却方式可分为液冷、风冷和直冷三种冷却类型。

1. 液冷式冷却系统

动力电池的液冷式冷却系统是指冷却液直接或间接地接触动力电池，然后通过液态流体的循环流动把电池包内产生的热量带走以达到散热效果的一种系统。其冷却液可以是水、水和乙二醇的混合物等，这些冷却液拥有较高的导热率，可以达到较好的散热效果。比如特斯拉电池包的冷却液采用的就是水和乙二醇的混合物。

液冷式冷却系统需在动力电池包内部建立一套独立的液体冷却管路，通过冷却水泵使管路中的冷却液循环至动力电池包外部的散热器或板式热交换器发生热量交换，液冷系统的结构原理如图 4-1-1 所示。

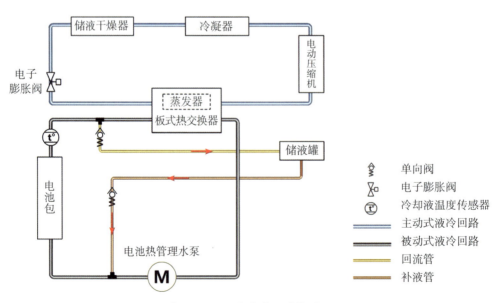

图 4-1-1　液冷系统结构原理

液冷式冷却系统的优点在于可以集成动力电池加热组件,可兼具对电池冷却和加热双重功能,且对动力电池热管理的效果较好,目前国内外大多数电动汽车几乎都采用液冷方式。

但是,为了防止液态冷却液的泄漏并保证电池包内单体电池之间的均匀性,液冷式冷却系统在结构设计上的要求比较复杂和严苛,而复杂的结构也使得整套冷却系统变得十分笨重,不仅增加整车的重量,也使得整车的负担大大增加。此外,由于其结构的复杂性及高密封性,液冷系统的维护和保养相对困难,维护成本也相应增加。

2. 风冷式冷却系统

风冷是以低温空气为介质,利用热对流降低电池温度的一种散热方式,风冷式冷却系统又可分为自然风冷和强制风冷两种类型。

风冷式电池冷却系统工作原理

其中,自然风冷却是以车外流动的空气作为换热介质流过电池箱体内部,吸收电池及电池箱体等部件的热量,从而完成电池冷却的一种低成本冷却系统。这种冷却方式最大的优势是结构简单、零能量消耗、成本低。然而自然风冷的空气对流传热系数较小,散热效率低,因此不常使用。其仅用于早期容量小、能量密度低的动力电池组,或作为现代动力电池的辅助冷却手段。

强制风冷是在动力电池内部布置通风管道,利用鼓风机将外部空气引入电池包内部进行散热冷却的方式。根据动力电池散热量的需求,通常可分为如下两种形式。

一种是直接将常温空气引入电池包内部。该方式主要用于电池容量较小的混合动力汽车,如丰田卡罗拉就是通过鼓风机将驾驶室内部的空气从进气口吸入,流向动力电池组底部,经电池模组之间的间隙流到电池组上部,从排风管排出的,如图 4-1-2 所示。

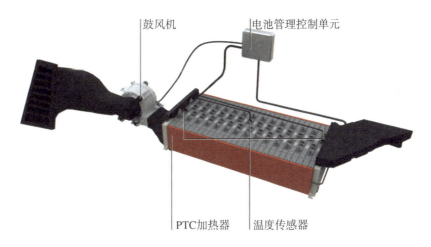

图 4-1-2 丰田卡罗拉镍氢电池冷却系统

另一种是空气经空调冷却系统降温,再流向动力电池箱体内部进行散热冷却。如丰田奕泽 EV,它的动力电池总成壳体内的蒸发器与驾驶舱空调系统连接,通过电磁阀控制让制冷剂流向电池包内部的蒸发器,动力电池总成壳体内的风扇、管路使空气在内部流动,从而冷却单体电池,如图 4-1-3 所示。

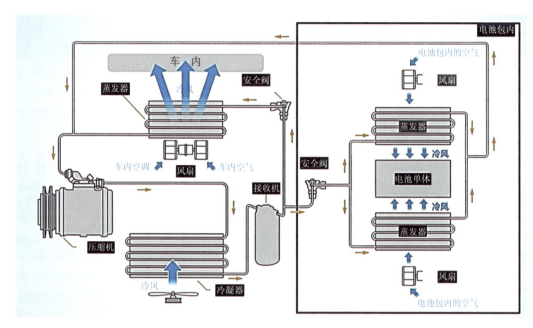

图 4-1-3 丰田奕泽 EV 电池组冷却方式

相对于液冷系统,风冷技术的成本较低,且没有漏液风险。但由于空气的导热效果比液体差,带走的热量有限,换热效率相对较低。且风冷电池箱需要抽取空气与电池进行热对流,电池箱的防护等级无法达到 IP67,当车辆涉水或淋雨时,电池箱存在进水而引发电池短路的隐患。因此,风冷的散热方式可靠性不高,后逐渐被淘汰。

3. 直冷式冷却系统

直冷系统是利用冷空调系统制冷剂作为换热媒介直接对动力电池进行冷却的一种高效冷却系统。它主要由压缩机、冷凝器、节流装置、蒸发器和高压管组成,如图 4-1-4 所示。

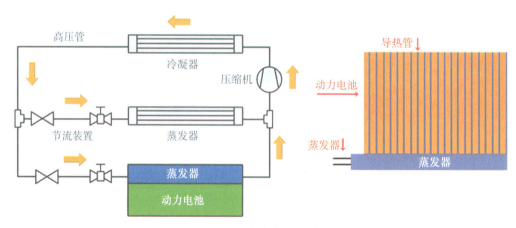

图 4-1-4 直冷系统工作原理

直冷系统中的蒸发器直接作为动力电池冷板,安装在模组底部并且与模组紧密贴合,制冷剂在冷板(蒸发器)中蒸发,直接将动力电池系统产生的热量带走,从而实现更快、更有效的冷却过程。

直冷系统是通过蒸发器直接吸收电池热量,比液冷系统散热效率高很多,能够应对大倍率的快充问题,还具有结构紧凑、无泄漏风险等优点。但由于蒸发器制冷板只布置于电池箱体周围而不能贯穿于各个单体电池间,导致直冷系统对电池冷却调控的均匀性不如液冷。特别对于单体电池数量高的电池组,这种均匀性更弱。另外,直冷系统还难以集成加热功能,只能额外在动力电池模组中增加电加热丝来对动力电池进行加热,增加了结构的复杂性,因此直冷系统并未广泛应用。

(二)动力电池加热系统

温度过低时,动力电池的充放电性能都将受到影响。因此我们还需要引入加热系统对动力电池进行加热及保温调控,以保证动力电池良好的工作性能。根据加热源材料的不同,动力电池加热系统可分为普通电阻丝加热、正温度系数电阻丝(PTC)加热、液热加热三种类型。

1. 普通电阻丝加热系统

普通电阻丝加热是以镍镉合金或铁铬铝合金作为加热材料,同时以耐高温、耐高压、强度好、密封性好的聚酰亚胺作为绝缘包覆层对电阻丝进行绝缘、密封、抗腐保护,所组装成的加热器通常称为电加热膜式加热器,其外观如图4-1-5所示。

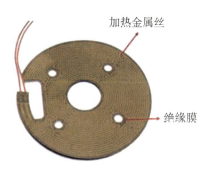

图4-1-5 电加热膜式加热器

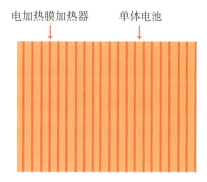

图4-1-6 电加热膜式加热器安装结构

电加热膜式加热器成型性好、厚度薄、质量小、柔性好,可直接安装在电池包内对电池组进行热源接触式加热。其位置通常可安装于单体电池侧边、底部或单体电池与单体电池之间,如图4-1-6所示。

这种类型的加热系统,传热效率更高而且能量损失更小;通电发热迅速、温升快、发热面大、发热均匀,有利于电池箱内部温度的一致性;耐腐蚀、环保、阻燃性好、安装方便、寿命长、绝缘强度高、击穿电压高,并且不受尺寸限制,可以根据电池或模块的结构任意弯曲,确保紧密接触,保证最大的热能传递,也可以做成板状替代PTC加热板。

2. 正温度系数电阻丝(PTC)加热系统

正温度系数电阻丝(PTC)材料具备电阻值随温度升高而增大的特性。因此,以PTC材料作为加热源即可实现自动恒温加热的效果。PTC材料结构复杂、强度低,因此需要使用导热金属板对PTC加热源进行绝缘、密封和抗压保护。PTC与导热金属板所组装成的热源器通常称为PTC加热器,其外观结构如图4-1-7所示。

PTC加热器工作原理

图4-1-7　PTC加热器

PTC加热器可以作为单独加热装置与风扇结合使用形成热风循环,也可以做成板状对电池组进行加热。但PTC加热器体积较大,做成板状厚度一般会超过10 mm,无法直接夹在电池或电池模块之间,需做成板状安装在电池箱底部或电池模组之间。这种安装方式在一定程度上限制了加热系统对单体电池或单个电芯的温度控制能力。

3. 液热式加热系统

普通电阻丝加热和正温度系数电阻丝(PTC)加热是将加热膜或PTC加热器作为加热源直接封装在电池包内,以此对各个单体电池进行接触式加热的,属于热源接触式加热。这种加热方式利用固体间的热传导进行传热,加热效率高;但因不能与冷却系统进行并联,增加了电池包空间,因此只适用于特定车型的电池组加热系统。

而液热式加热是在外部或电池箱内将液体加热,使加热的液体流经动力电池表面对动力电池进行升温保温的加热方式,常采用乙二醇水溶液作为加热液体。这种加热方式能够并联到液冷回路中,并且由于乙二醇水溶液传热系数较高,因此该加热方式具备较高的可操控性及高效率,是现在新能源汽车动力电池组的主流加热方式。液热剂需要流过采暖回路,在采暖回路中被不同属性的热源(电阻丝或PTC加热)进行升温加热,再流向电池组包的循环管道对电池包进行加热,如图4-1-8所示。

液体式加热对电池箱的密封和绝缘要求较高,电池模组、电池箱的设计复杂,可靠性要求高,同时还需要考虑泄漏后的液体不能对电池包的安全性产生威胁,所以这种系统的生产制造及维护的成本相对较高。但液热式加热系统仍然是目前主要研究和应用的方式之一,这主要是因为它具有以下优点。

(1)加热或冷却的效率比较高。

(2)液体有较好的保温作用,电池组充电或放电一段时间后液体温度已经上升到足够高的温度,车辆运行中停驻几小时,不会由于电池组温度很快下降而影响再次行驶(但加热时要首先将液体进行加热,会多消耗能量)。

(3)电池组温度一致性高,一般可以控制在3℃以内。在液体加热或散热的情况下,单体电池产生的热量或液体热量传递到单体电池的速度,受传热路径和传热方式影响较大,液体

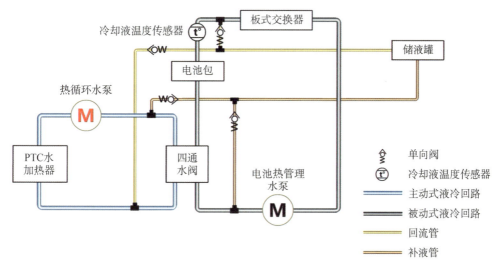

图 4-1-8 液热式加热系统

管道或导热部件最好直接和单体电池接触,但电池系统通常为高压系统,管道或导热部件与单体电池之间的绝缘、耐压要求很高,需满足相关标准要求。导热一般采用金属铝板等,可用导热硅胶等对其进行绝缘。

四、电池热管理系统组成与工作原理

不同类型动力电池热管理系统的工作原理也有所不同,我们这里针对目前新能源汽车上应用较多的液冷式冷却系统和液热式加热系统的工作原理进行介绍。

(一) 液冷式冷却系统组成及工作原理

液冷式动力电池冷却系统通常由被动式液冷和主动式液冷两部分组成,其系统组成如图 4-1-9 所示。

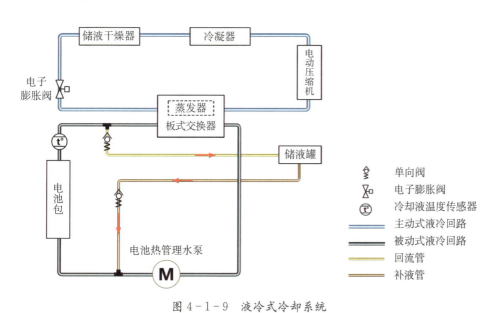

图 4-1-9 液冷式冷却系统

其中被动式液冷部分主要由储液罐、电池热管理水泵、板式交换器以及电池冷却管路组成。当动力电池温度较高，需要冷却时，电池热管理水泵驱动冷却液在被动式液冷回路中循环流动，带走电池热量，并将热量通过板式交换器散发出去，从而为动力电池降温。

当动力电池温度过高，被动式液冷不足以将动力电池的温度调整到正常范围内时，主动式液冷部分开始介入工作。主动式液冷是在被动式液冷的基础上，借助空调制冷系统中的压缩机、冷凝器、储液干燥器、电子膨胀阀等部件，对空调制冷剂进行压缩、冷凝、干燥和节流，使其变为低温低压的气液态制冷剂后再进入集成了蒸发器的板式交换器内，并在其中利用蒸发器的汽化吸热作用，吸收流经板式交换器的电池冷却液热量，使电池冷却液温度降低，从而更好为动力电池降温。其具体工作过程是：

（1）压缩机在电动机带动下开始工作，驱使制冷剂 R134a 在密封的空调系统中循环流动，压缩机将气态制冷剂压缩成高温高压的制冷剂气体后排出压缩机。

（2）高温高压制冷剂气体经管路流入冷凝器后，在冷凝器内散热、降温，冷凝成中温高压的气液态制冷剂流出，再经干燥瓶形成中温高压的液态制冷剂。

（3）中温高压液态制冷剂经膨胀阀节流，状态发生急剧变化，变成低温低压的气液态制冷剂。

（4）低温低压的气液态制冷剂进入集成了蒸发器的板式交换器内，并在其中利用蒸发器的汽化吸热，吸收流经板式交换器的电池冷却液热量，使电池冷却液温度降低，电池冷却液在电池水泵的带动下流入电池箱体，从而冷却电池，而制冷剂本身因吸收了热量而蒸发变成低温低压的气态制冷剂。

（5）低温低压的气态制冷剂经管路被压缩机吸入，进入压缩机，进入下一个循环。只要压缩机连续工作，制冷剂就会在空调系统中连续循环，产生制冷效果；压缩机停止工作，空调系统内制冷剂随之停止流动，不产生制冷效果。

（二）液热式加热系统组成及工作原理

液态加热是最为常见的加热方式，具有较好的可控性。液热式加热系统主要由储液罐、电池热管理水泵、板式交换器、四通水阀、暖风水泵、PTC 水加热器和冷却管路组成，如图 4-1-10 所示。

其中，储液罐负责为动力电池冷却管路补充冷却液，通常情况下不参与冷却液的循环；板式交换器在动力电池冷却系统工作时才会启动，在加热系统工作时，相当于冷却水管的作用；电池热管理水泵负责驱动冷却液在电池热管理回路中循环流动；暖风水泵负责驱动采暖回路中的冷却液循环流动；PTC 水加热器负责为采暖回路中的冷却液加热。

当动力电池温度过低需要加热时，电池热管理回路通过四通水阀和采暖回路串联，此时通过调节 PTC 水加热器的功率，即可控制冷却液的温度；被加热后的冷却液通过四通水阀进入电池热管理回路中，为动力电池加热；流经动力电池包后冷却液的温度降低，通过四通水阀回到采暖回路中再次加热。如此循环往复，以保证动力电池能在合适的温度范围内工作。

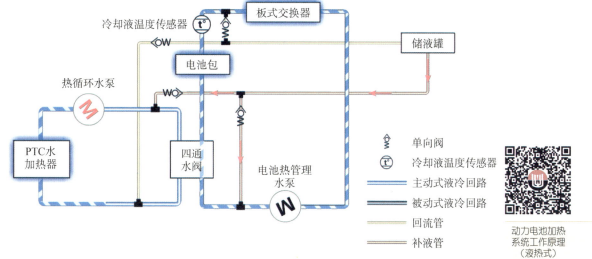

图 4-1-10 液热式加热系统组成及工作原理

本任务介绍了温度对电池性能的影响、动力电池热管理系统的功能、动力电池热管理系统的分类及动力电池热管理系统组成与工作原理。

电池热管理系统的主要功能有监测、冷却、加热、通风和均衡。

动力电池的热管理系统可分为冷却系统和加热系统两部分,分别负责对动力电池进行冷却和加热。动力电池冷却系统是通过冷却循环系统等执行器对动力电池进行冷却调控的,有些车型还利用了空调系统等辅助装置对动力电池进行冷却。根据冷却方式分为液冷、风冷和直冷三种冷却类型。根据加热源材料的不同,动力电池加热系统可分为普通电阻丝加热、正温度系数电阻丝(PTC)加热、液热式加热三种类型。

液冷式动力电池冷却系统通常可分为被动液冷和主动液冷两种冷却方式,其中被动式液冷系统主要由储液罐、电池热管理水泵、板式交换器和电池冷却管路组成。当动力电池温度较高,需要冷却时,电池热管理水泵驱动冷却液在电池热管理回路中循环流动,带走电池热量,并将热量通过板式交换器散发出去,从而为动力电池降温。

液热式加热系统主要由储液罐、电池热管理水泵、板式交换器、四通水阀、暖风水泵、PTC水加热器和冷却管路组成。当动力电池温度过低需要加热时,电池热管理回路通过四通水阀和采暖回路串联,此时通过调节PTC水加热器的功率,即可控制冷却液的温度;被加热后的冷却液通过四通水阀进入电池热管理回路中,为动力电池加热;流经动力电池包后冷却液的温度降低,通过四通水阀回到采暖回路中再次加热。

任务练习

一、判断题

1. 在同样的充放电条件下,电池的温度越高,SOC 差异越大。（ ）
2. 在过低温度下对动力电池充电时,可能会导致电流的迅速上升,引发电压瞬间过充电的现象。（ ）
3. 强制风冷是在动力电池外部布置通风管道,利用鼓风机将外部空气引入电池包内部进行散热冷却的方式。（ ）
4. 动力电池的液冷式冷却系统是指冷却液直接或间接地接触动力电池,然后通过液态流体的循环流动把电池包内产生的热量带走以达到散热效果的一种系统。（ ）
5. 储液罐通常情况下不参与冷却液的循环。（ ）
6. 主动式液冷系统主要由储液罐、电池热管理水泵、板式交换器和电池冷却管路组成。（ ）

二、选择题

1. (   )是在外部或电池箱内将液体加热,使加热的液体流经动力电池表面对动力电池进行升温保温的加热方式。【单选题】
   A. 普通电阻丝加热 B. 正温度系数电阻丝(PTC)加热
   C. 液热式加热 D. 暖风加热
2. 液热加热常采用(   )作为加热液体。【单选题】
   A. 纯净水 B. 乙二醇水溶液
   C. 醋酸溶液 D. 硫酸溶液
3. 电池热管理系统的主要功能有(   )。【多选题】
   A. 监测 B. 冷却、加热
   C. 通风 D. 均衡
4. 根据冷却方式不同,动力电池冷却系统分为(   )。【多选题】
   A. 水冷 B. 液冷 C. 风冷 D. 直冷
5. 根据加热源材料的不同,动力电池加热系统可分为哪几种类型？(   )【多选题】
   A. 普通电阻丝加热 B. 正温度系数电阻丝(PTC)加热
   C. 水热加热 D. 液热式加热

三、简答题

1. 温度对电池性能的影响有哪些？
2. 分别阐述液冷式冷却系统和液热式加热系统的工作原理。

任务 2　典型电池热管理系统组成与检修

1. 了解比亚迪 E5 电池热管理系统的组成、原理及特点。
2. 了解特斯拉 Model3 电池热管理系统的组成、原理及特点。
3. 掌握电池热管理系统的检修方法。

一辆吉利帝豪 EV300 进 4S 店进行维修，车主反映车辆行驶中龟速灯点亮，且车辆行驶速度降低至十几千米每时。维修接待人员试车发现限功率运行故障指示灯"🐢"点亮，车辆限功率运行，但若熄火 5 min 以上再次起动车辆，故障会自然消失。经过高级维修技师分析判定，电池热管理系统存在故障，需要针对电池热管理系统故障进行维修。现车间调度将任务工单派发至你手中，请学习相关知识，安全规范地完成电池热管理系统检修任务。

知识储备

电池热管理系统可以在车辆运行过程中，将动力电池包的工作温度控制在正常温度范围以内，使动力电池在最佳工作状态下工作，从而确保动力电池性能和寿命。新能源汽车的电池热管理系统主要包括电池冷却系统和电池加热系统，不同车型的动力电池采用的电池冷却和电池加热的方式不同，其冷却和加热的组成及原理也存有差异。这里主要介绍两款典型车型的动力电池热管理系统的组成、原理、特点及新能源汽车热管理系统的检修方法。

一、典型车型电池热管理系统组成与特点

不同车型的动力电池的热管理系统不同，这里以比亚迪 E5 和特斯拉 Model3 为例介绍电池热管理系统组成及特点。

（一）比亚迪 E5 电池热管理系统

根据结构形式不同，比亚迪 E5 整车有四合一平台（含高压电控总成）和三合一平台（含

充配电总成)两种形式。比亚迪 E5 的电池热管理系统可以通过对充放电过程中的动力电池进行高温冷却或低温加热,使其维持在合适的工作温度范围,其主要由电池冷却系统和电池加热系统组成。整车结构形式不同,电池热管理系统组成和原理也有所不同。这里主要介绍比亚迪 E5 整车三合一和四合一结构形式的电池热管理系统组成、原理及特点。

1. 比亚迪 E5 电池冷却系统组成和原理

比亚迪 E5 电池冷却系统为液冷式冷却系统,其主要有两种工作模式,分别为被动式液冷模式和主动式液冷模式。被动式液冷模式冷却效果相对较弱,主动式液冷模式的冷却效果相对较强。这里主要介绍比亚迪 E5 整车三合一和四合一结构形式的电池冷却系统组成和原理。

(1) 比亚迪 E5 电池冷却系统的组成。

比亚迪 E5 的电池冷却系统主要由储液罐、电子水泵、动力电池包内冷却管路、进水口温度传感器、板式换热器、电池电子膨胀阀以及空调制冷循环系统部件(电动压缩机、冷凝器/干燥器、温度压力传感器、压力传感器)等组成。

其中储液罐、电子水泵、动力电池包内冷却管路、板式换热器以及动力电池包的进水口温度传感器为电池冷却循环系统,也可称为电池冷却内循环系统,如图 4-2-1 中红色部分所示。这个系统的电子水泵带动冷却液在板式换热器、动力电池包等组成的冷却管路中循环,可以通过循环的冷却液带走动力电池的热量,再从板式换热器中散发。而板式换热器、电池电子膨胀阀及空调制冷循环系统部件(电动压缩机、冷凝器/干燥器、温度压力传感器、压力传感器)为电池制冷循环系统,也称为电池冷却外循环系统,如图 4-2-1 中蓝色部分所示。这个系统的电动压缩机通过压缩制冷剂,在冷凝器/干燥器、电池电子膨胀阀、板式换热器中循环,因而可以通过控制板式换热器的温度而调节动力电池的温度。

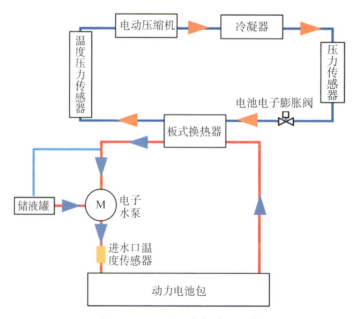

图 4-2-1 电池冷却系统组成

图 4-2-2 为比亚迪 E5 电池冷却系统(三合一平台)电子水泵(电池包冷却水泵)的电路图,从图上可以看出,电池包的冷却水泵工作电压是由 IG4 提供的,并通过 Eb13 搭铁。在电路正常的情况下,打开车辆电源开关,电池冷却水泵就开始工作。但是,电池包冷却水泵的控制和反馈是由空调控制器通过 LIN 进行的。

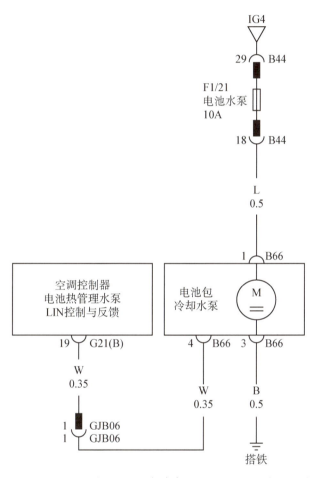

图 4-2-2 比亚迪 E5 电池包冷却水泵电路图(三合一平台)

(2) 比亚迪 E5 电池冷却系统的工作原理(三合一平台)。

比亚迪 E5 液冷式冷却系统可以在被动式液冷模式工作,也可以在主动式液冷模式工作,下面分别介绍两种冷却模式的工作过程。

① 被动式液冷模式工作过程。当按下比亚迪 E5 点火开关,电子水泵(电池包冷却水泵)开始低速转动,带动冷却液在电池包内的管路低速流动,经过板式换热器,再回到电子水泵(电池包冷却水泵),如此循环工作。

在比亚迪 E5 工作过程中,空调控制器根据接收到电池管理器(BMC)送过来的动力电池温度信号和进水口温度信号,通过 LIN 线发出相应控制指令来调节电子水泵的转速,改变动力电池包内冷却液的流动速度,这样冷却液带走动力电池包的热量并通过板式换热器散热,从而将动力电池包的温度控制在合适(最佳的)的范围内,如图 4-2-3 所示。

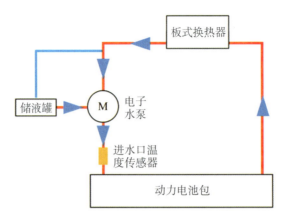

图 4-2-3　比亚迪 E5 电池冷却系统工作过程(被动式)

② 主动式液冷模式工作过程。比亚迪 E5 汽车工作过程中,当电池管理器(BMC)监测到动力电池温度过高,并将监测到的信号送给空调控制器,根据分析处理,在电子水泵带动冷却液循环不足以将动力电池的温度控制在正常温度范围以内时,空调控制器控制空调压缩机和电子膨胀阀同时进入工作状态,主动式液冷模式工作开始。此时,电池冷却循环系统和电池制冷循环系统都工作。

当电池管理系统处于主动液冷模式时,电动压缩机压缩制冷剂在电池制冷循环系统中循环,经冷凝降温、除水分及雾化过程,变成低温低压的气态制冷剂送给板式换热器(此时的板式换热器相当于空调制冷系统中的蒸发器),为板式换热器降温后,再从板式换热器出来经压力温度传感器回到电动压缩机,如此循环,从而达到为板式换热器降温的目的。此时,动力电池的电子水泵带动冷却液依次经过板式换热器散热后变成低温冷却液,低温冷却液从动力电池包进水口进入电池包内部的组件,通过热交换带走动力电池的热量而升温,再从动力电池出水口出来经板式换热器降温散热后回到水泵,如此循环,从而为动力电池降温。

整个工作过程中,空调控制器根据电池的温度信号和动力电池包进水口温度信号通过控制电子膨胀阀的开度、电动压缩机的转速和电动水泵的转速来控制动力电池包的温度,如图 4-2-4 所示。

(3) 比亚迪 E5 电池冷却系统组成(四合一平台)。

比亚迪 E5 整车四合一平台电池冷却系统的组成和工作原理与三合一平台基本相同。从系统组成上来看,在电池冷却循环系统中多了一个 PTC 加热器,如图 4-2-5 所示,且在电池冷却工作过程中,这个 PTC 加热器相当于冷却水管。其工作原理与整车三合一平台的基本相同,这里不再赘述。

2. 比亚迪 E5 电池加热系统组成和原理

比亚迪 E5 动力电池的加热采用的是 PTC 水加热循环方式,但是比亚迪 E5 整车三合一平台和四合一平台的组成和工作原理不同,这里分别介绍两种整车平台加热系统的组成和工作原理。

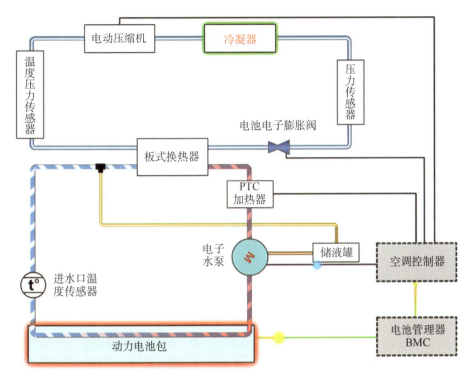

图 4-2-4　比亚迪 E5 电池冷却系统工作过程（主动式）

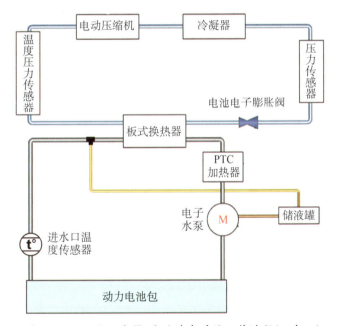

图 4-2-5　比亚迪 E5 电池冷却系统工作过程（四合一）

动力电池系统冷却过程（比亚迪 E5）

（1）比亚迪 E5 电池加热系统组成与工作原理（三合一平台）。

比亚迪 E5 三合一平台的动力电池加热系统主要由储液罐、电子水泵、板式换热器、四通水阀、加热水泵以及 PTC 水加热器、暖风芯体、动力电池包内冷却管路和进出水管等组成,如图 4-2-6 所示。储液罐为动力电池冷却循环和加热管路补充冷却液,通常情况下不参与冷却液的循环;板式换热器在动力电池冷却工作时才起作用,在 PTC 水加热系统工作时它相当于冷却水管;暖风芯体在空调加热系统工作时才起作用,在 PTC 水加热系统工作时它相当于水管;电子水泵负责驱动冷却液在电池循环回路中流动,车辆起动后就开始工作;加热水泵负责驱动加热回路中的冷却液循环流动;四通水阀能接受空调控制器的制冷指令,来改变四通水阀阀门的状态,从而调整液体的循环路径。

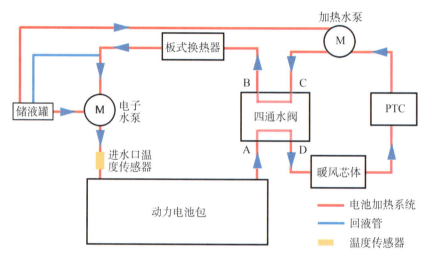

图 4-2-6 PTC 水加热系统组成(三合一)

比亚迪 E5 汽车工作过程中,当电池管理器(BMC)监测到动力电池温度过低需要加热时,将电池加热需求信号送给空调控制器,空调控制器控制加热水泵和电池水泵工作,使电池加热循环系统开始工作。且空调控制器根据电池管理器(BMC)的加热需求,控制四通水阀阀门的开关来控制加热循环路径。

此时,电池冷却液通过 PTC 水加热器加热升温,加热后的电池冷却液通过电动水泵带到动力电池包里面与电池进行热交换,从而传递热量给电池升温,将动力电池包的温度控制在正常工作范围以内。具体加热工作循环路径为:电子水泵带动冷却液,经进水口温度传感器、动力电池包内冷却管路、四通水阀 A-D、暖风芯体、PTC 水加热器、加热水泵、四通水阀 C-B、板式换热器,回到电子水泵。热循环过程中,加热的冷却液流经动力电池包后冷却液的温度降低,通过四通水阀回到加热回路中再次加热。如此循环往复,以保证能将动力电池能加热到合适的温度范围。

(2)比亚迪 E5 电池加热系统组成与工作原理(四合一平台)。

比亚迪 E5 四合一平台的动力电池加热系统主要由储液罐、电子水泵、PTC 水加热器、板式换热器、动力电池包内冷却管路和进出水管等组成,如图 4-2-7 所示。板式换热器在动力电池冷却工作时才起作用,在 PTC 水加热系统工作时它相当于冷却水管。其他部件与上面三合一相同,这里不再重复介绍。

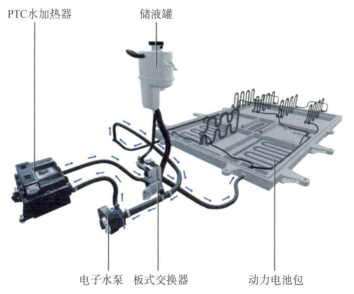

图 4-2-7 PTC 水加热系统组成（四合一平台）

动力电池系统加热过程（比亚迪 E5）

在比亚迪 E5 汽车工作过程中，电池管理器（BMC）监测到动力电池温度过低需要加热时，会将电池加热需求信号送给空调控制器，空调控制器控制 PTC 水加热器和电子水泵工作，使动力电池开始加热工作。具体的加热循环为：电子水泵带动冷却液经 PTC 水加热器、板式换热器，从动力电池进水管进入动力电池包冷却管路并通过热交换给电池加热，之后从动力电池出水管出来回到电子水泵，如此循环。在热循环过程中，加热的冷却液流经动力电池包后温度降低，通过 PTC 水加热器再次加热，如此循环往复，从而保证能将动力电池加热到合适的温度范围。

3. 比亚迪 E5 电池热管理系统特点

比亚迪 E5 电池热管理系统具有电池冷却和电池加热的功能，分别具有如下工作特点。

（1）液冷式冷却系统。比亚迪 E5 的电池冷却系统，无论是三合一平台还是四合一平台，其电池冷却系统都是由电池循环系统和空调制冷循环系统组成的。当电池温度不是很高时，动力电池的冷却只需要电池冷却循环系统工作就可以；但是当动力电池温度偏高时，动力电池的冷却需要电池冷却循环系统和空调制冷循环系统工作。

（2）PTC 水加热系统。比亚迪 E5 的电池加热系统，无论是三合一平台还是四合一平台，都是采用 PTC 水加热系统进行加热的，但是加热系统的工作循环方式存在差异。三合一平台的 PTC 加热器有独立的加热循环，其加热循环由电池加热循环管路、电池冷却循环管路和四通阀共同组成；而四合一平台的 PTC 加热器串联在电池冷却循环系统中，加热循环只经电池冷却循环系统。

（二）特斯拉 Model3 电池热管理系统

特斯拉 Model3 的电池热管理系统的功能是电池冷却和电池加热，这里主要介绍特斯拉 Model3 电池冷却系统和电池加热系统的组成原理及特点。

1. 特斯拉 Model3 电池冷却系统组成和原理

特斯拉 Model3 电池冷却系统为液冷式冷却系统,对于电池和电池控制模块的冷却分别采用不同的循环。其组成和工作原理具体如下。

(1) 特斯拉 Model3 电池冷却系统组成。

特斯拉 Model3 电池冷却系统主要由储液罐、散热器、流向控制阀、深冷器、冷却液泵、电池包内冷却管、驱动总成、变流系统内冷却管路以及空调制冷循环系统部分部件(即电池制冷循环系统部件,主要包括空调压缩机、冷凝器、高压压力开关、电池电磁阀、低压压力开关、冷却管路和制冷剂管路)组成,如图 4-2-8 所示。在电池冷却系统中,驱动总成相当于冷却管路。因空间限制,电池制冷循环系统中压力开关在图中没有显示。

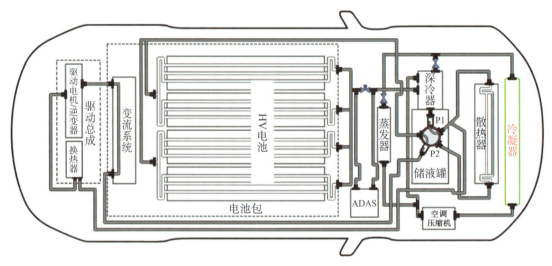

图 4-2-8 特斯拉 Model3 电池冷却系统组成示意图

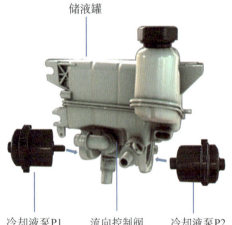

图 4-2-9 电动水泵和流向控制阀位置图

其中,流向控制阀和冷却液泵位于储液罐底部位置,所以储液罐、流向控制阀、冷却液泵和深冷器集成在一起,构成超级水壶。储液罐为塑料制成,用于储存冷却液。冷却液泵为电动水泵,主要用于抽取储液罐中的冷却液至冷却管路,并压缩使其流动。特斯拉 Model3 的电池冷却系统中有两个电动水泵 P1 和 P2,分别用于压缩不同冷却循环管路中的冷却液使其流动。这两个电动水泵位于储液罐底部的左侧和右侧,如图 4-2-9 所示。流向控制阀位于储液罐底部两个水泵中间位置,如图 4-2-9 所示,它可以通过阀门控制冷却液的流向及流量,使冷却液沿着指定的方向流向相关部件。

特斯拉 Model3 的流向控制阀是电子控制旋转

阀,英文缩写为 PDCV,主要由电子控制器和阀体组成。阀体为五通阀,在储液罐上对应有 5 个进/出水口,通过控制阀门位置控制冷却液的流向,从而实现电池的冷却、电池的加热以及电驱的冷却,如图 4-2-10 所示。

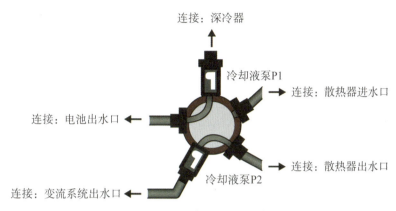

图 4-2-10 流向控制阀阀门连接关系

在电池制冷和加热工作过程中有两个工作位置:当 PDCV 位于位置 1 时,流向控制阀的阀门控制电池加热循环的流动;当 PDCV 位于位置 2 时,流向控制阀的阀门控制电池冷却循环的流动。

深冷器是一种用于为冷却液降温的换热器,它位于冷却液储液罐左侧上面,可以借助电动空调带动制冷剂循环为 HV 电池冷却液降温。

散热器是一种将热能从一种介质传递至另一种介质的换热器,用于电池电子控制系统和驱动总成的冷却,位于车辆前方底部。

驱动总成在电池冷却系统中相当于电池冷却管。空调压缩机、冷凝器、电池电磁阀、深冷器和制冷剂管路构成了电池制冷循环系统,主要用于控制深冷器的温度。高压压力开关和低压压力开关不参与制冷剂循环,为制冷循环压力监测装置。

在整个电池冷却循环系统中,储液罐、流向控制阀、冷却液泵 P1、深冷器、电池包内冷却管和冷却管路构成了 HV 电池冷却循环系统,如图 4-2-11 绿色回路所示。这个回路中电动水泵 P1 带动冷却液经深冷器、HV 电池内冷却管路在电池冷却内循环系统中流动,通过循环流动的冷却液带走 HV 电池的热量。而冷却液泵 P2、电池控制模块(变流系统)内管路、驱动总成、散热器和冷却管路构成了电池控制模块冷却循环系统,如图 4-2-11 紫色回路所示。这个回路可以带走电池控制模块的热量。而空调压缩机、冷凝器、电池电磁阀、深冷器为电池制冷循环系统,它可以控制深冷器的温度,如图 4-2-11 中蓝色回路所示。这个系统中空调压缩机压缩制冷剂,经冷凝器、电池电磁阀、深冷器等部件在制冷循环系统中循环,从而控制深冷器的温度。

(2) 特斯拉 Model3 电池冷却系统工作原理。

特斯拉 Model3 电池冷却系统为主动液冷式冷却系统,但 HV 电池包的冷却和电池控制模块(即变流系统)的冷却循环系统是完全独立的。其中 HV 电池包的冷却是利用空调制冷

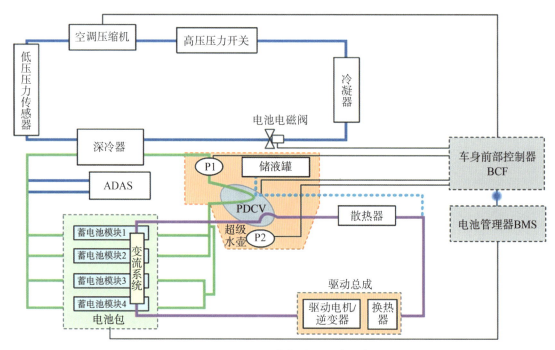

图 4-2-11 电池冷却系统工作示意图

循环和电池冷却循环进行冷却的系统,而电池控制模块(即变流系统)的冷却是利用散热器作为热交换器的冷却系统,如图 4-2-12 所示。

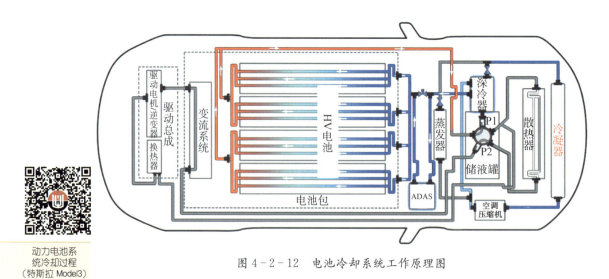

动力电池系统冷却过程
(特斯拉 Model3)

图 4-2-12 电池冷却系统工作原理图

特斯拉 Model3 工作过程中,电池管理系统(BMS)监测到动力电池温度过高,并通过 CAN 将监测到的温度信号送给车身前部控制器(body controller front,BCF),车身前部控制器(BCF)经分析处理后分别控制空调压缩机、电池电磁阀、冷却液泵 P1、P2 和流向控制阀工作。此时,电池制冷循环系统开始工作:空调压缩机压缩制冷剂,通过制冷剂管路经冷凝器、电池电磁阀送至深冷器,从深冷器出来经制冷剂管路回到空调压缩机,并循环工作,这个过程中循环的制冷剂通过热交换带走深冷器的热量使其降温。

同时,流向控制阀阀门被车身前部控制器调整至位置2,HV电池包冷却循环系统和电池控制模块(变流系统)冷却循环系统分别导通,HV电池和电池控制模块冷却循环系统工作。电池冷却系统工作过程为:冷却液泵P1压缩电池冷却液,从深冷器降温冷却,通过冷却管路送至自动驾驶和娱乐控制模块(ADAS)、HV电池包内冷却管组件,通过热交换带走电池包内的热量,再从电池包出水口出来回到冷却液泵P1,如此循环,将电池包的温度控制在正常工作范围以内。电池控制模块(变流系统)冷却系统工作过程为:冷却液泵P2压缩冷却液,通过冷却管路经电池控制模块(变流系统)、驱动总成,通过热交换带走电池控制模块的热量,从散热器降温后回到冷却液泵P2,如此循环。整个工作过程中,车身前部控制器根据电池温度信号、电池制冷管路温度信号、空调压力温度信号,通过控制空调压缩机,电池电磁阀,流向控制阀,冷却液泵P1、P2及散热器的工作,以此来控制深冷器和散热器的温度,从而将HV电池和电池控制模块的温度控制在正常工作范围以内。

总而言之,电池制冷循环系统控制深冷器的温度,电池冷却循环系统直接降低动力电池的温度,而散热器控制电池控制模块温度。

2. 特斯拉Model3电池加热系统组成和原理

特斯拉Model3并未配置专门的电池加热器,电池系统的加热是利用驱动总成内部的驱动电机及逆变器和换热器进行的,这种加热称为车回加热系统,也可以称为驱动系统加热。其具体组成和原理如下。

(1)特斯拉Model3电池加热系统组成。

特斯拉Model3电池加热系统是在电池冷却循环系统和电池控制模块冷却循环系统的基础上加驱动总成构成的,主要组成部件为驱动总成、储液罐、流向控制阀、冷却液泵、电池包内冷却组件、电池控制模块(即变流系统)内冷却组件和冷却管路,如图4-2-13所示。深冷器只在电池冷却系统起作用,在加热系统中,深冷器相当于冷却管路。

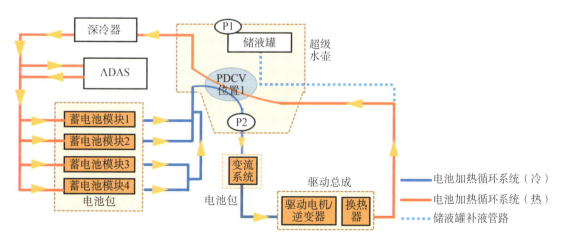

图4-2-13 电池加热系统组成示意图

(2)特斯拉 Model3 电池加热系统工作原理。

特斯拉 Model3 电池加热系统是驱动总成给电池系统提供热源的自加热系统。驱动总成主要包括驱动电机、逆变器和换热器,它有两种生热方式,一种是逆变器控制驱动电机生热,另一种是行车过程中驱动电机及电机控制器工作生热。具体工作原理如下。

特斯拉 Model3 在极端低温环境中停置时,BMS 监测到动力电池温度信号和逆变器监测到的驱动电机温度信号同时送给车身前部控制器(BCF),BCF 判定动力电池和驱动电机温度较低时,通过 CAN 控制逆变器提供适宜电流给驱动电机,使驱动电机生成充足的热量。同时,BCF 控制冷却液泵 P1、P2 和流向控制阀阀门工作。此时,流向控制阀阀门被 BCF 调整至位置 1,电池系统热循环管路导通。冷却液泵 P1、P2 开始工作,带动冷却液在电池热循环系统中循环流动。具体循环过程为:经驱动电机及逆变器加热的冷却液从电机换热器流出,经管路送向流向控制阀(FDCV)、冷却泵 P1、深冷器,流经自动驾驶仪和娱乐控制模块(ADAS),然后流向 HV 电池包内冷却组件,通过热交换给 ADAS 和电池加热,再从电池包出水口出来流回 FDCV,流向冷却液泵 P2,冷却液泵 P2 又将冷却液带至电池控制模块(即变流系统),使冷却液流向驱动总成内部的驱动电机及逆变器,如此循环,如图 4-2-14 所示。

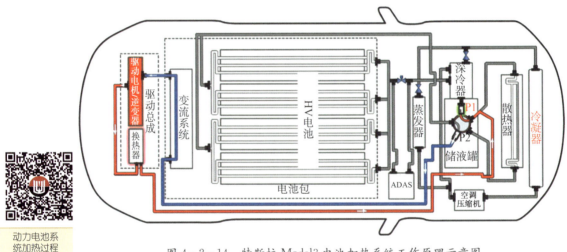

图 4-2-14 特斯拉 Model3 电池加热系统工作原理示意图

整个工作过程中,逆变器根据驱动温度信号控制电机生热,车身前部控制器(BCF)根据电池温度信号控制流向控制阀,冷却液泵 P1、P2 及散热器的工作,以此来控制加热后的冷却液经过 HV 电池和电池控制模块(即变流系统),从而将它们的温度控制在正常范围以内。

特斯拉 Model3 行车过程中,若驱动电机温度高到一定值时,不需要逆变器给驱动电机提供电流使其生热,而只需要车身前部控制器(BCF)控制冷却液泵 P1、P2 和流向控制阀工作,使冷却液在加热循环系统中循环,通过加热后冷却液的流动进行 HV 电池和电池控制模块的加热。

3. 特斯拉 Model3 电池热管理系统特点

特斯拉 Model3 电池热管理系统具有电池冷却和电池加热的功能,其具有如下工作特点。

(1) 高度集成部件超级水壶的应用。特斯拉 Model3 电池热管理系统的集成度很高,系统中的两个冷却液泵和流向控制阀集成在储液罐的底部,形成了超级水壶这个高压集成的部件,这样节省了安装空间,降低了重量和安装成本。

(2) 独立的冷却循环。特斯拉 Model3 电池冷却系统采用液冷式冷却系统,电池系统中 HV 电池和电池控制模块(即变流系统)的冷却由不同的泵控制,形成了相互独立的循环系统,是同一个系统中的独立循环。HV 电池的冷却采用的是空调制冷循环系统介入的液冷式冷却系统,且自动驾驶仪和娱乐控制模块(ADAS)冷却也在电池冷却过程中进行。电池控制模块(即变流系统)的冷却是经散热器的液冷式冷却。

(3) 无 PTC 的加热系统。特斯拉 Model3 电池冷却系统是利用驱动电机及逆变器的余热进行加热的,这个加热系统不需要专门的电阻加热。整个加热过程,冷却液被注入到超级水壶,再进入驱动单元的油冷却热交换器取热,通过集成阀从散热器直接经过电池循环系统为电池加热。

二、电池热管理系统检修

新能源汽车电池热管理系统主要包括电池加热系统和电池冷却系统,这里主要介绍液冷式冷却系统和 PTC 水加热系统的检修。电池热管理系统检测要遵循由易到难、由外到内、由电气部件到机械部件的原则,并且一般以不解体检修优先。这里主要介绍电池热管理系统在线检测和电池热管理系统解体检测。

(一) 基本检查

(1) 检查电池储液罐内冷却液位是否在最高液位和最低液位之间,若液位低于标准值,需及时确认冷却系统是否存在泄漏,若无泄漏应及时添加冷却液。

(2) 检查电池液冷却系统主要部件:储液罐、水泵、冷却管路、板式换热器等器件是否有破损、裂纹等现象,若有需及时维修。

(3) 检查电池热管理系统相关器件插接器连接是否可靠,线束是否有破损,若有需及时检修。

(4) 检查冷却系统相关管路,查看是否存在裂纹、渗液和漏液等状况,若有请及时检修。

(二) 在线检测(初步诊断)

在汽车起动以后,连接诊断仪读取电池管理系统和空调系统的相关数据流,根据数据流分析电池热管理系统的工况,主要需要读取的数据有:动力电池温度、进水口温度、空调压力传感器、空调压力温度传感器、PTC 加热器 CAN-H 和 CAN-L 等数据。同时,用诊断仪驱动冷却水泵和加热水泵,看其能否正常工作。

(三) 冷却液品质检测

1. 外观检查

观察冷却液的外观,辨别其气味,进行直观判别,冷却液应透明、无异味、无沉淀。如发现外观浑浊、气味异常、有悬浮物时,说明冷却液已经变质,应立即停止使用并更换新的冷却液。

2. 冷却液冰点测试

冰点测试是对冷却液能否在寒冷天气里使用的一种防冻性能测试,采用冰点测试仪,能快速检测出冷却液的结晶冰点。在测量电池液时,注意不要洒在皮肤和眼睛上,以防烧伤,测试后仔细擦净仪器。具体使用方法为以下几种。

(1)冰点检测仪校准。将折光棱镜对准光亮方向,按照要求调整目棱镜视度环,直到标线清晰为止。校准的正确做法为:清洁棱镜表面,取1~2滴蒸馏水或纯净水滴在棱镜的表面,盖好盖板,调节校正旋钮,直到蓝、白色交界线与0℃基准线重合,校准完成,如图4-2-15(a)所示。

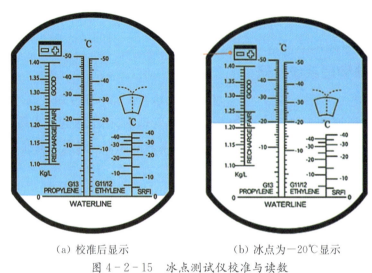

(a)校准后显示　　(b)冰点为-20℃显示

图4-2-15　冰点测试仪校准与读数

(2)测量冷却液冰点。掀开冰点检测仪盖板,用柔软的绒布将盖板及棱镜表面擦拭干净。将取样后的冷却液滴在棱镜表面。之后合上盖板,并轻微按压。最后将冰点检测仪对向光线明亮处。旋转目镜,使视场内刻度清晰。此时,会看到一条蓝白相间的观察线,上部为蓝色,下部为白色,如图4-2-15(b)所示。分界线对应的刻度(-20℃)即为测量结果。正常情况下,未使用的冷却液冰点可达到-40℃以下,汽车行驶一定里程后,由于长时间使用,冷却液冰点会升高,但应低于当地最低气温10℃以上才能起到防冻效果。测试完毕后,用柔软绒布将盖板和棱镜表面擦拭干净,之后使用纯净水清洗吸管。完成后,放置于包装盒内。注意冰点检测仪不要在相对湿度大于85%的环境中长期放置,以免光学系统受到影响。

(3)清洁放置。测量完毕后,直接用潮湿绒布擦干净棱镜表面及盖板上的附着物,待干燥后,妥善保存起来。

(四)冷却系统压力检测

电池液冷却系统压力偏高或偏低会影响电池冷却液的循环,从而使电池温度异常,严重时会影响电池系统的寿命。电池液冷却系统压力的就车测试一般采用液冷却系统压力测试仪进行测试。具体方法如下:确保车辆处于冷车状态,拆卸储液罐盖,检查冷却液液位,不满时要将其加满;从测试套装中,选择与车型匹配的适配器,并安装到车辆上;连接打气泵至适配器上,并给冷却系统打气,观察压力表的指针,直到指针指到维修资料要求的规范值,并保持一定时间;观察指示表的压力显示,并根据压力变化判定冷却系统故障,若检测冷却系统压力异常,需及时检修。同时,可以用同样方法检测储液罐盖是否正常,若储液罐盖异常,需要更换新的储液罐盖。

(五)电池热管理系统主要部件的电气检测

电池热管理系统主要部件为电动压缩机、PTC加热器、水泵和温度传感器等部件,因电动压缩机属于空调系统,这里主要介绍PTC加热器和水泵相关的电气检测。

1. PTC检测

PTC加热器为加热动力电池加热元件,若电池加热系统不能正常工作,需要检测PTC的绝缘、PTC加热器互锁、低压电源电路和CAN通信是否正常,如图4-2-16所示。

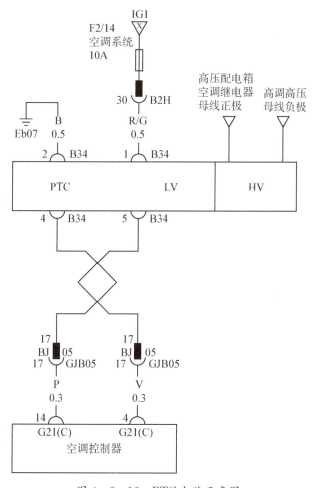

图4-2-16 PTC电路示意图

(1) 外观检查。①检查 PTC 外观,确保其外观与进出水管的连接正常,没有破损,若存在破损,需及时更换。②检查 PTC 加热器端高压线束插接器,确保其不存在破损或损坏。

(2) PTC 加热器及高压线束绝缘检测。拔下充配电总成或高压配电箱端 PTC 加热器高压线束插接器,选用合适量程数字兆欧表,分别检测 PTC 加热器高压线束两端子的绝缘电阻值,标准绝缘电阻值应>20 MΩ,若测量值不符合标准,需及时检修。

(3) PTC 加热器电阻检测。在拔下充配电总成或高压配电箱端 PTC 加热器高压线束插接器的情况下,选用合适万用表并校表确保其正常,将万用表的红黑表笔分别连接高压线束的正负极端子,检测 PTC 加热器的电阻值,其测量值应该符合维修手册标准值。需要注意的是 PTC 加热器是正温度系数热敏电阻,随其温度的上升电阻值增大,在不同温度下检测出的电阻值会存在差异,如 25℃时,PTC 的电阻为 47Ω 左右。

(4) PTC 加热器线束插接器的高压互锁检测。在拔下充配电总成或高压配电箱端 PTC 加热器高压线束插接器的情况下,选用万用表适当的电阻量程,将红黑表笔分别连接 PTC 高压线束插接器内高压互锁的两个针脚,测量互锁电阻。标准电阻值应小于 0.5Ω,若测量电阻值不在标准范围内,请进行检修。

(5) PTC 加热器低压电路检测。断开 PTC 加热器低压线束插接器,在车辆电源开关打开的情况下,检测电源电路和搭铁电路是否正常。

① 电源电路检测:选用万用表合适电压量程,将万用表的红黑表笔分别连接 PTC 加热器电源端子与车身地,检测 PTC 加热器供电电压。正常范围应该为 11~14 V,若检测值与标准值不符,说明电源电路存在故障,需对电路中熔丝、继电器及电路进一步检测,找出故障点并维修。

② 搭铁电路检测:选用万用表合适电阻量程,将万用表的红黑表笔分别连接 PTC 加热器接地端子与车身地,检测 PTC 加热器接地线电阻。正常范围应该<0.5Ω,若检测值与标准值不符,说明搭铁电路存在故障,需进一步检修。

(6) PTC 加热器 CAN 通信检测。在 PTC 加热器低压线束插接器连接且车辆电源开关打开的情况下,检测 PTC 加热器 CAN 通信是否正常。有两种方法,具体如下:

① 连接 VDS100 或电脑诊断仪至车辆,打开诊断仪,进入空调控制器,读取 PTC 的 CAN-H 和 CAN-L 的信号电压,查看其是否在正常工作范围以内。CAN-L 信号电压范围:2.5~3.5 V,CAN-H 信号电压范围:1.5~2.5 V。

② 连接适当插接器引出 PTC 加热器的 CAN-H 和 CAN-L 的测试端子,将万用表调至电压挡的合适量程,将万用表的红表笔接 PTC 加热器引出 CAN-H 端子,黑表笔接车身搭铁,检测 PTC 加热器 CAN-H 信号电压。正常 CAN-L 信号电压范围:2.5~3.5 V,若检测值与标准值不符,说明存在 CAN 通信故障,需进一步检修。用同样方法检测 PTC 加热器 CAN-H 信号电压,并判定其是否正常。

2. 电池水泵检测

电池水泵一般为电子水泵,若电池水泵不能正常工作,需检测电池水泵电路和电池水泵电阻,如图 4-2-17 所示。

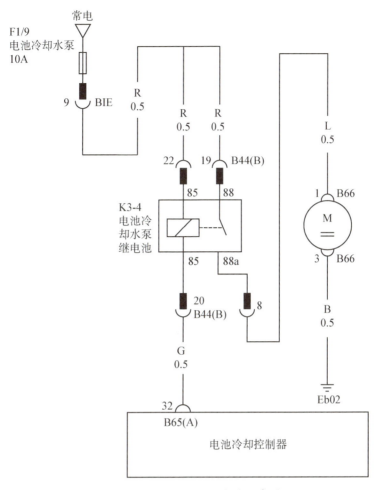

图 4-2-17 电池水泵电路示意图

(1) 冷却水泵电路检测。断开电池水泵线束插接器,检测电源电路和搭铁电路是否正常。

① 电源电路检测:选用万用表合适电压量程,将万用表的红黑表笔分别连接冷却水泵电源端子与车身地,检测冷却水泵供电电压。正常范围应该为 11~14 V,若检测值与标准值不符,说明电源电路存在故障,需对电路中熔丝、继电器及电路进一步检测,找出故障点并维修。

② 搭铁电路检测:选用万用表合适电阻量程,将万用表的红黑表笔分别连接冷却水泵接地端子与车身地,检测冷却水泵接地线电阻。正常范围应该<0.5 Ω,若检测值与标准值不符,说明搭铁电路存在故障,需进一步检修。

(2) 冷却水泵电阻检测。在拔下冷却水泵线束插接器的情况下,选用合适万用表并校表确保其正常,将万用表的红黑表笔分别连接冷却水泵元件的电源和接地端子,检测冷却水泵的电阻值。检测值应该符合维修手册标准值,若检测值与标准值不符,需要进行检修。

实训 1　电池热管理系统检测（比亚迪秦 EV）

请扫描二维码，查看"电池热管理系统检测（比亚迪秦 EV）"技能视频，结合视频内容及相关资料，规范地完成电池热管理系统检测（比亚迪秦 EV）的实训。

电池热管理系统检测（比亚迪秦 EV）

◆ 实训准备

（1）设备：比亚迪秦 EV 汽车、比亚迪专用诊断仪。
（2）工具：①常用工具：世达 150 件工具套装；②绝缘工具：世达 68 件绝缘工具套件；③专用工具：水箱测漏仪套装、冰点检测仪。
（3）防护用品：绝缘手套、绝缘鞋、车外三件套、车内三件套。
（4）耗材：干净抹布。
（5）资料：维修手册、技能视频、学习工作页。

◆ 安全操作规范

（1）电池热管理系统检测前需佩戴防护装备。
（2）电池热管理系统检测前需完成车内外防护三件套的铺设。
（3）电池热管理系统检测前需检查确认车辆状态正常。

◆ 实训步骤

一、前期准备

（1）在实训开始前请穿戴好个人防护用品。
（2）准备好实训所需设备及工具，铺设车内防护三件套。
（3）检查确认车辆状态正常，并完成车外防护三件套的安装，如图 4-2-18 所示。

铺设车内三件套

检查确认车辆正常

铺设车外三件套

图 4-2-18　安装车外防护三件套

二、电池热管理系统在线检测

（1）连接诊断仪至车辆诊断接口，如图4-2-19所示，并确保连接可靠。
（2）打开车辆电源开关。
（3）打开诊断仪，选择对应车型，进入诊断界面，如图4-2-20所示。

图4-2-19　连接诊断仪　　　　　　　　图4-2-20　诊断界面

（4）选择"ECU模块"进行全车模块扫描。
（5）待扫描完成后，选择"电池管理器"模块，如图4-2-21所示。
（6）读取故障码，查看是否存在故障。
（7）读取与"电池管理器"相关的数据流，查看数据是否正常。
（8）检测完毕，退出诊断界面。

三、电池热管理系统基本检查

（1）观察冷却液储液罐中冷却液液位。
（2）确认液位处于MAX（最高）标记和MIN（最低）标记之间。若低于最低值，需及时添加冷却液至标准位置，如图4-2-22所示。

图4-2-21　"电池管理器"模块　　　　　图4-2-22　冷却液位置

（3）检查冷却系统相关管路是否有破损。
（4）检查冷却水泵及连接管路是否有泄漏及外观损伤。

图4-2-23 吸管吸取少量纯净水

四、冷却液冰点测试

1. 冰点测试仪校准

（1）取出冰点测试仪，目视检查冰点检测仪外观是否良好。

（2）用棉布清洁冰点测试仪折光棱镜。

（3）用吸管吸取少量纯净水，滴于折光棱镜上，如图4-2-23所示，盖上盖板并轻轻按压平，并确保没有气泡。

（4）用眼睛在观测口直接观察纯净水的冰点，看其是否正常。水的冰点为0℃。

观测口内部有明显的蓝白分界线，上部为蓝色，下部为白色，冰点的测量结果为分界线对应的刻度。

（5）若观察口显示的水的冰点与标准值不一致，则需要更换新的冰点检测仪。

（6）用棉布清洁冰点测试仪折光棱镜上的水，并放回原位。

2. 冷却液冰点检测

（1）打开冷却液储液罐盖，如图4-2-24所示。

在开启冷却液储液罐盖前，请确保冷却系统已冷却。

（2）取出冰点测试仪，用棉布清洁冰点测试仪折光棱镜，如图4-2-25所示。

（3）用吸管吸取少量冷却液，滴于折光棱镜上，盖上盖板并轻轻按压平，并确保没有气泡。

图4-2-24 打开冷却液储液罐盖

图4-2-25 折光棱镜

（4）用眼睛在观测口直接观察冷却液的冰点，看其是否正常。冷却液的冰点为-25℃。

观测口内部蓝白分界线对应刻度,即为冷却液冰点值。

(5) 若冷却液的冰点不能满足使用要求,则需要及时更换新冷却液。
(6) 用棉布清洁冰点测试仪,并将其妥善放置。
(7) 安装冷却液储液罐盖。

五、冷却循环系统压力测试

1. 保压检验
(1) 取出手压泵。
(2) 将手压泵打压至 1 bar,对压力测试系统进行保压检验,观察指针是否回落。若指针回落,需更换手压泵。

2. 冷却循环系统压力测试
(1) 打开冷却液储液罐盖。

在开启冷却液储液罐盖前,请确保冷却系统已冷却。

(2) 选择合适的冷却液储液罐盖转换接头。
(3) 拧紧转换接头的同时检查橡胶圈是否完全符合。
(4) 将快速接头连接至冷却液储液罐盖转换接头,如图 4-2-26 所示。
(5) 取出手压泵,将手压泵打压至 1 bar,并保压 10 min。
(6) 若压力表指针能维持数分钟不变,表示系统正常无渗漏。
(7) 若压力表指针下降,表示系统存在渗漏,需对电池热管理系统进行检修。
(8) 检测完成,按下泄压阀进行泄压至压力表归零,如图 4-2-27 所示。

图 4-2-26 快速接头连接

图 4-2-27 压力表归零

(9) 使用完毕,拆卸手压泵快速接头,拆卸冷却液储液罐盖转换接头,安装冷却液储液罐盖,并将水箱测漏仪套装放回原位。

> **注意事项**
>
> 在拆卸冷却液储液罐盖转换接头前,需将手压泵加压 2~3 次,排除手压泵内残留水汽。

六、整理清洁

按照 7S 管理标准,整理工具、场地和设备。

实训 2　电池冷却系统主要部件拆装与检测（比亚迪秦 EV）

请扫描二维码,查看"电池冷却系统主要部件拆装与检测（比亚迪秦 EV）"技能视频,结合视频内容及相关资料,规范地完成电池冷却系统主要部件拆装与检测（比亚迪秦 EV）的实训。

◆ 实训准备

电池冷却系统主要部件拆装与检测(比亚迪秦 EV)

（1）设备：比亚迪秦 EV 汽车、举升机、比亚迪专用诊断仪。
（2）工具：①常用工具：世达 150 件工具套装、定扭扳手；②绝缘工具：世达 68 件绝缘工具套件；③测量工具：万用表；④专用工具：卡箍钳、卡扣拆卸器、内饰撬板。
（3）防护用品：安全帽、护目镜、劳保鞋、高压绝缘手套、劳保手套、车外三件套、车内三件套。
（4）耗材：冷却液、干净抹布。
（5）资料：维修手册、技能视频、学习工作页。

◆ 安全操作规范

（1）电池热管理系统检测前需佩戴防护装备。
（2）电池热管理系统检测前需完成车内外防护三件套的铺设。
（3）电池热管理系统检测前需检查确认车辆状态正常。

◆ 实训步骤

一、前期准备

（1）在实训开始前请穿戴好个人防护用品。
（2）准备好实训所需设备及工具。
（3）铺设车内防护三件套。
（4）检查确认车辆状态正常,并完成车外防护三件套的安装,如图 4-2-28 所示。

图 4-2-28　安装车外防护三件套

二、冷却液排放

（1）打开电池热管理系统的冷却液储液罐盖，如图 4-2-29 所示。

> **注意事项**
>
> 在开启冷却液储液罐盖前，请确保冷却系统已冷却。

（2）举升车辆至合适位置，并锁止举升机。
（3）拆卸前机舱底部护板螺栓。
（4）拆卸前机舱下护板。
（5）将油液收集器放置于车辆底部动力电池包进水管合适位置，如图 4-2-30 所示。

图 4-2-29　打开冷却液储液罐盖　　　图 4-2-30　油液收集器

（6）使用卡箍钳松开动力电池包进水管卡箍。
（7）断开动力电池包进水管，排放电池热管理系统冷却液，如图 4-2-31 所示。
（8）待冷却液不再流出时，将油液收集器放置于车辆底部动力电池包出水管合适位置。
（9）以同样的方法拆卸动力电池出水管，如图 4-2-32 所示。
（10）待冷却液不再流出时，将油液收集器从车辆底部移出到合适位置。
（11）安装动力电池包出水管。
（12）使用卡箍钳将动力电池包出水管卡箍固定至合适位置，并用抹布清洁安装位置。
（13）用同样方法安装动力电池包进水管和固定卡箍。

图 4-2-31　排放冷却液　　　　　图 4-2-32　拆卸动力电池出水管

三、冷却液储液罐拆装与检查

1. 冷却液储液罐拆卸

(1) 将车辆降至合适位置,并锁止举升机。

(2) 拆卸机舱左上护板。

(3) 拆卸冷却液储液罐上回水管卡扣,如图 4-2-33 所示。

(4) 使用卡箍钳松开冷却液储液罐上回水管卡箍,如图 4-2-34 所示,断开冷却液储液罐的回水管。

图 4-2-33　冷却液储液罐回水管卡扣　　　　　图 4-2-34　卡箍钳

(5) 使用 10 mm 套筒、接杆、棘轮扳手组合工具拆卸冷却液储液罐 2 颗固定螺栓。

(6) 使用卡箍钳松开冷却液储液罐上出水管卡箍,断开冷却液储液罐出水管。

(7) 取出冷却液储液罐,并妥善放置。

2. 冷却液储液罐检查

如图 4-2-35 所示,目视检查电池热管理系统冷却液储液罐是否有裂纹,加注口螺纹是否损坏,若有应更换新的冷却液储液罐。

3. 冷却液储液罐安装

(1) 安装冷却液储液罐出水管,并使用卡箍钳将卡箍固定至初始位置,如图 4-2-36 所示。

图 4-2-35 冷却液储液罐　　　　　　　图 4-2-36 固定卡箍

（2）使用 10 mm 套筒、接杆、棘轮扳手组合工具安装冷却液储液罐固定螺栓。
（3）安装冷却液储液罐回水管，并使用卡箍钳将卡箍固定至初始位置。
（4）安装冷却液储液罐上回水管卡扣。
（5）安装机舱左上护板。

四、水泵拆装与检查

1. 水泵拆卸

（1）将车辆举升至合适位置，并锁止举升机。
（2）断开冷却水泵线束插接器，如图 4-2-37 所示。
（3）使用卡箍钳松开冷却水泵进水管卡箍。
（4）使用卡箍钳松开冷却水泵出水管卡箍。
（5）用手从橡胶吊耳支架上拆卸冷却水泵。
（6）断开冷却水泵出水管，如图 4-2-38 所示，断开冷却水泵进水管，并妥善放置。

 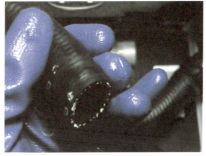

图 4-2-37 冷却水泵线束插接器　　　　　图 4-2-38 冷却水泵出水管

2. 水泵检查

目视检查冷却水泵外观是否有漏液和损坏等情况，端子是否有烧蚀和损坏，若有，应更换新的冷却水泵，如图 4-2-39 所示。

3. 水泵安装

（1）安装冷却水泵进水管，安装冷却水泵出水管。

(2) 将冷却水泵安装固定至橡胶吊耳支架上。

(3) 使用卡箍钳将进出水管的卡箍固定至初始位置,如图 4-2-40 所示。

图 4-2-39　冷却水泵

图 4-2-40　固定卡箍

(4) 安装冷却水泵线束插接器。

(5) 安装前机舱下护板。

(6) 将车辆降至合适位置,并锁止举升机。

五、冷却液加注

(1) 将专用冷却液倒入冷却液储液罐,如图 4-2-41 所示,直至到达 MAX 线。

(2) 连接低压蓄电池负极电缆。

(3) 打开车辆电源开关上电,让水泵运转约 5 min,在运转过程中如冷却液储液罐内液位下降,需同步向冷却液储液罐加注冷却液到 MAX 线,随后关闭车辆电源开关。

(4) 重复步骤(3)至少 3 个循环,直至冷却液液位不再下降,断电停车。

图 4-2-41　倒入专用冷却液

比亚迪秦 EV 冷却液储液罐的容量约为 4.25 L。

(5) 盖上冷却液储液罐盖并旋紧。

六、整车复检

(1) 打开车辆电源开关,如图 4-2-42 所示,检查车辆是否能正常上电。

(2) 打开车辆电源开关,检查仪表上是否有故障指示灯,并使用诊断仪读取车辆是否存在故障码,若有故障码,需先清除,如图 4-2-43 所示,之后再次读取,若存在故障码需及时进行故障维修。

项目四 电池热管理系统组成原理与检修

图 4-2-42 打开车辆电源开关

图 4-2-43 使用诊断仪清除故障码

为防止读取到的是历史故障码,需清除故障码后再读取。

七、整理归位
整理工具、清洁场地、设备复位。

实训 3 PTC 加热器拆装与检测（比亚迪秦 EV）

请扫描二维码,查看"PTC 加热器拆装与检测（比亚迪秦 EV）"技能视频,结合视频内容及相关资料,规范地完成 PTC 加热器拆装与检测的实训。

◆ **实训准备**

（1）设备：比亚迪秦 EV 汽车、举升机、比亚迪专用诊断仪。

（2）工具：①常用工具：世达 150 件工具套装、定扭扳手；②绝缘工具：世达 68 件绝缘工具套件；③测量工具：万用表；④专用工具：卡箍钳、卡扣拆卸器、内饰撬板。

（3）防护用品：安全帽、护目镜、劳保鞋、高压绝缘手套、劳保手套、车外三件套、车内三件套。

（4）耗材：冷却液、干净抹布。

（5）资料：维修手册、技能视频、学习工作页。

PTC 加热器拆装与检测（比亚迪秦 EV）

◆ **安全操作规范**

（1）PTC 加热器拆装与检测前需佩戴防护装备。

（2）PTC 加热器拆装与检测前需完成车内外防护三件套的铺设。

（3）PTC 加热器拆装与检测前需检查确认车辆状态正常。

◆ 实训步骤

一、前期准备

(1) 在实训开始前请穿戴好个人防护用品。
(2) 准备好实训所需设备及工具。
(3) 铺设车内防护三件套。
(4) 检查确认车辆状态正常,并完成车外防护三件套的安装,如图 4-2-44 所示。

图 4-2-44　安装车外防护三件套

二、高压系统断电与验电

(1) 断开低压蓄电池负极电缆,如图 4-2-45 所示。

　　拆卸低压蓄电池负极之后,需等待 5 min 以上,待车上高压系统电容元件放电完成后,才能进一步操作。

(2) 佩戴高压绝缘手套。
(3) 断开高压直流母线插接器,如图 4-2-46 所示。

 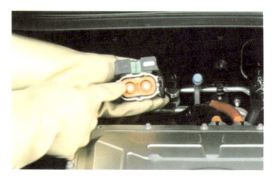

图 4-2-45　断开低压蓄电池负极电缆　　　图 4-2-46　断开高压直流母线插接器

(4) 将万用表红黑表笔分别连接动力电池高压母线正负极输出端子,检测动力电池是否有高压电输出,如图 4-2-47 所示。

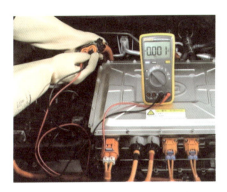

图 4-2-47　检测动力电池高压母线正负极输出端子

（5）将万用表红黑表笔分别连接充配电总成端动力电池高压线束正极和负极接线柱，检测充配电总成内残余电量是否释放完毕。

若高压系统有高压电输出或残余电量未释放完毕，一定不要进行下一步操作，以免发生危险。

三、冷却液排放

（1）打开电池热管理系统的冷却液储液罐盖，如图 4-2-48 所示。

在开启冷却液储液罐盖前，请确保冷却系统已冷却。

（2）举升车辆至合适位置，并锁止举升机，如图 4-2-49 所示。

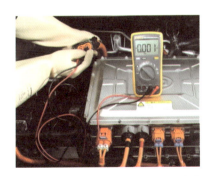

图 4-2-48　打开冷却液储液罐盖

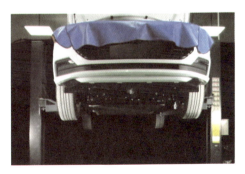

图 4-2-49　举升车辆

（3）拆卸前机舱底部护板螺栓。
（4）拆卸前机舱下护板。

(5) 将油液收集器放置于车辆底部动力电池包进水管合适位置,如图 4-2-50 所示。
(6) 使用卡箍钳松开动力电池包进水管卡箍。
(7) 断开动力电池包进水管,排放电池热管理系统冷却液,如图 4-2-51 所示。

图 4-2-50 油液收集器

图 4-2-51 排放冷却液

(8) 待冷却液不再流出时,将油液收集器放置于车辆底部动力电池包出水管合适位置。
(9) 以同样的方法拆卸动力电池出水管,如图 4-2-52 所示。

图 4-2-52 拆卸动力电池出水管

图 4-2-53 PTC 高压电缆母线插接器

(10) 待冷却液不再流出时,将油液收集器从车辆底部移出到合适位置。
(11) 安装动力电池包出水管。
(12) 使用卡箍钳将动力电池包出水管卡箍固定至合适位置,并用抹布清洁安装位置。
(13) 用同样方法安装动力电池包进水管和固定卡箍。

四、PTC 水加热器拆装与检查

1. PTC 水加热器拆卸

(1) 拆卸机舱右上护板。
(2) 拆卸 PTC 高压电缆母线插接器,如图 4-2-53 所示。

拆卸高压部件或高压插接件时,需佩戴高压绝缘手套。

(3) 使用卡口拆卸器拆卸 PTC 高压线束上的 3 个卡扣。

(4) 使用 10 mm 套筒、接杆、棘轮扳手组合工具，拆卸 PTC 搭铁线固定螺栓，断开 PTC 搭铁线。

(5) 用手拔下 PTC 低压线束插接器，如图 4-2-54 所示。

(6) 使用卡箍钳松开 PTC 进水管卡箍，使用卡箍钳松开 PTC 回水管卡箍。

(7) 断开 PTC 进水管，断开 PTC 回水管。

(8) 使用 13 mm 套筒、接杆、棘轮扳手组合工具，拆卸 PTC 的 3 颗固定螺栓并取下。

(9) 取出 PTC 水加热器，如图 4-2-55 所示，并妥善放置。

图 4-2-54 PTC 低压线束插接器　　　图 4-2-55 PTC 水加热器

2. PTC 水加热器检查

检查 PTC 水加热器高、低压线束是否有老化、破损，针脚是否有弯曲、变形等异常现象。目视检查 PTC 水加热器外观是否有损坏等异常现象。

3. PTC 水加热器安装

(1) 将 PTC 水加热器放置到安装位置。

> 安装高压部件或高压插接件时，需佩戴高压绝缘手套。

(2) 使用 13 mm 套筒、接杆、棘轮扳手组合工具，安装 PTC 的 3 颗固定螺栓，如图 4-2-56 所示。

(3) 安装 PTC 水加热器出水管，并使用卡箍钳将卡箍固定至初始位置。

(4) 安装 PTC 水加热器进水管，如图 4-2-57 所示，并使用卡箍钳将卡箍固定至初始位置。

(5) 安装 PTC 低压线束插接器。

(6) 安装 PTC 搭铁线，如图 4-2-58 所示。

(7) 使用 10 mm 套筒、接杆、棘轮扳手组合工具，安装 PTC 搭铁线固定螺栓。

(8) 安装 PTC 高压电缆的 3 个卡扣。

(9) 安装 PTC 高压电缆母线插接器，并锁止保险锁舌。

图 4-2-56　安装 PTC 的固定螺栓　　　图 4-2-57　安装 PTC 水加热器进出水管

（10）安装机舱右上护板。

五、冷却液加注

（1）将专用冷却液倒入冷却液储液罐，如图 4-2-59 所示，直至到达 MAX 线。

图 4-2-58　安装 PTC 搭铁线　　　图 4-2-59　倒入专用冷却液

（2）安装高压直流母线插接器。

（3）连接低压蓄电池负极电缆。

（4）打开车辆电源开关上电，让水泵运转约 5 min，运转过程中如冷却液储液罐内液位下降，需同步向冷却液储液罐加注冷却液到 MAX 线，随后关闭车辆电源开关。

（5）重复步骤（4）至少 3 个循环，直至冷却液液位不再下降，断电停车。

注意事项

比亚迪秦 EV 冷却液储液罐的容量约为 4.25L。

（6）盖上冷却液储液罐盖并旋紧。

六、整车复检

（1）打开车辆电源开关，如图 4-2-60 所示，检查车辆是否能正常上电。

（2）打开车辆电源开关，检查仪表上是否有故障指示灯，并使用诊断仪读取车辆是否仍存在故障码，若有故障码，需先清除，如图 4-2-61 所示，之后再次读取，若仍存在故障码需及时进行故障维修。

图 4-2-60　打开车辆电源开关

图 4-2-61　使用诊断仪清除故障码

为防止读取到的是历史故障码，需清除故障码后再读取。

七、整理归位

整理工具、清洁场地、设备复位。

本任务介绍了比亚迪 E5 和特斯拉 Model3 电池热管理系统组成、工作原理及电池热管理系统的检修。

比亚迪 E5 整车有四合一平台（含高压电控总成）和三合一平台（含充配电总成）两种形式。比亚迪 E5 的电池热管理系统可以通过对充放电过程中的动力电池进行高温冷却或低温加热，使其维持在合适的工作温度范围，其主要由电池冷却系统和电池加热系统组成。整车结构形式不同，电池热管理系统组成和原理也是不同的。比亚迪 E5 电池冷却系统为液冷式冷却系统，其主要有两种工作模式，分别为被动式液冷模式和主动式液冷模式，被动式液冷模式冷却效果相对较弱，主动式液冷模式的冷却效果相对较强。比亚迪 E5 的两种结构形式，都是采用 PTC 水加热系统进行加热的。

特斯拉 Model3 电池热管理系统也是由电池冷却系统和电池加热系统组成的。电池冷却系统为液冷式冷却系统，对于电池和电池控制模块的冷却分别采用不同的循环。特斯拉 Model3 并未配置专门的电池加热器，电池系统的加热是利用驱动总成内部的驱动电机及逆变器和换热器进行的，这种加热称为车回加热系统，也可以称为驱动系统加热。特斯拉 Model3 电池热管理系统的集成度很高，系统中的两个冷却液泵和流向控制阀集成在储液罐的底部，形成了超级水壶这个高压集成部件，这样节省了安装空间，降低了重量和安装成本。

电池热管理系统检测要遵循由易到难、由外到内、由电气部件到机械部件的原则，并且一般以不解体检修优先。

任务练习

一、判断题

1. 比亚迪 E5 电池冷却系统为液冷式冷却系统。（ ）
2. 比亚迪 E5 整车三合一和四合一的电池加热系统的组成和原理完全相同。（ ）
3. 比亚迪 E5 整车四合一的电池加热系统中有四通阀。（ ）
4. 特斯拉 Model3 的 HV 电池包和电池控制模块（变流系统）的冷却在同一个冷却循环系统中进行。（ ）
5. 特斯拉 Model3 的加热系统是采用 PTC 水加热器进行的。（ ）

二、选择题

1. 比亚迪 E5 电池冷却系统和电池制冷循环系统中都有的部件是（　　）。【单选题】
   A. 板式换热器　　　　　　　　　　　B. 电池电子膨胀阀
   C. 电子水泵　　　　　　　　　　　　D. 储液罐
2. 比亚迪 E5 在被动式液冷模式工作时，处于工作状态的系统是（　　）。【单选题】
   A. 电池制冷循环系统
   B. 电池冷却循环系统
   C. 电池加热循环系统
   D. 电池制冷循环系统 + 电池冷却循环系统
3. 特斯拉 Model3 电池管理系统中用于为冷却液降温的换热器是（　　）。【单选题】
   A. 板式换热器　　　　　　　　　　　B. 散热器
   C. 深冷器　　　　　　　　　　　　　D. 蒸发器
4. 特斯拉 Model3 的超级水壶有（　　）集成在一起构成。【多选题】
   A. 储液罐　　　　　　　　　　　　　B. 流向控制阀
   C. 冷却液泵　　　　　　　　　　　　D. 深冷器
5. 当比亚迪 E5 整车三合一结构的电池加热系统工作时，需要工作的部件有（　　）。【多选题】
   A. PTC 加热器　　　　　　　　　　　B. 板式换热器
   C. 电子水泵　　　　　　　　　　　　D. 四通阀

三、简答题

1. 请描述比亚迪 E5 整车三合一和四合一结构电池热管理系统的不同点。
2. 请描述特斯拉 Model3 电池冷却系统的组成和工作原理。